Torsten Woywod

In 80 BUCH HANDLUNGEN

um die Welt

Meine Reise zu den
schönsten Bücherorten
unserer Erde

Torsten Woywod

In 80
BUCH
HANDLUNGEN

um die Welt

Meine Reise zu den
schönsten Bücherorten
unserer Erde

Eden
BOOKS

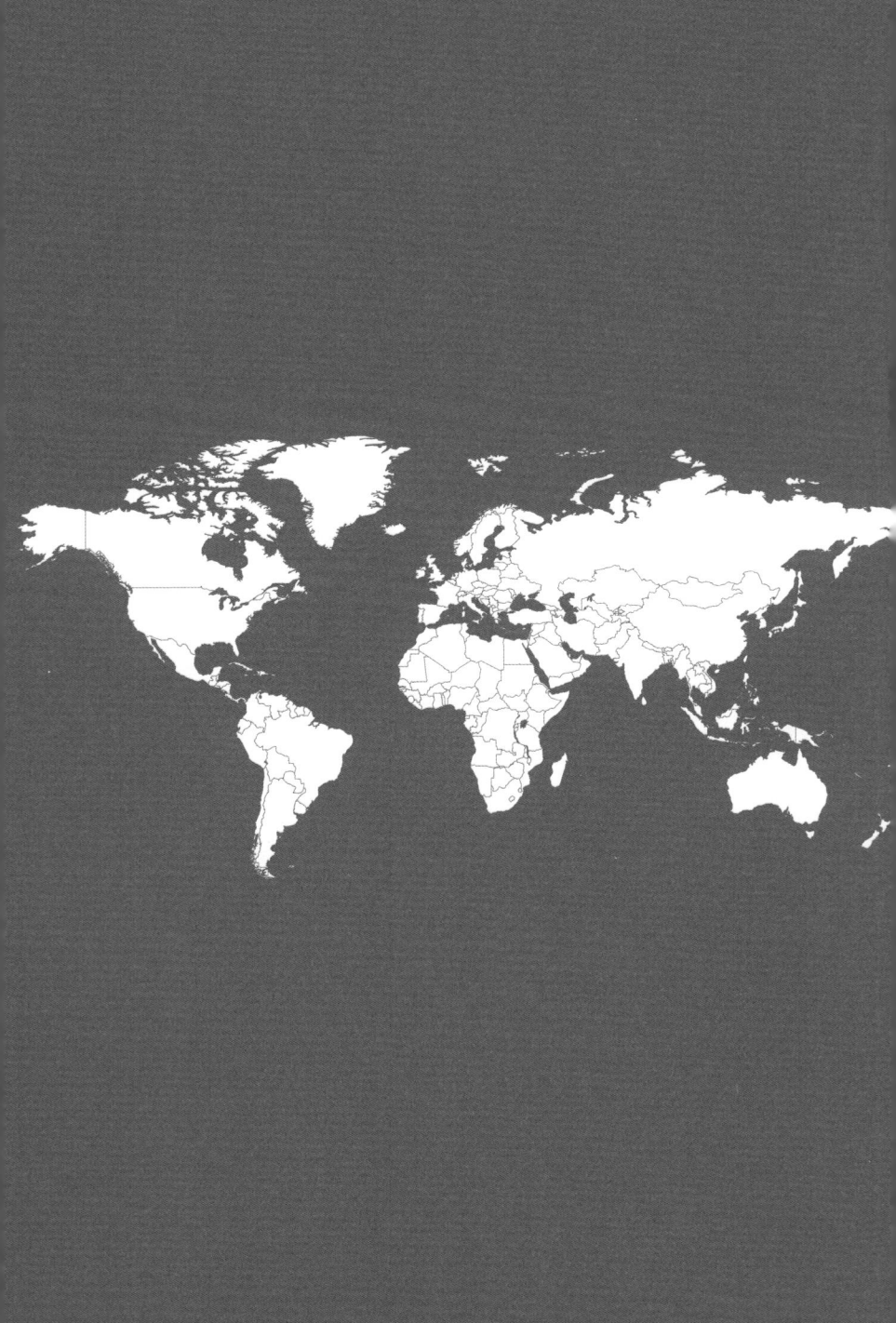

Inhalt

Prolog

Als ich am frühen Morgen des 17. Juli 2016 endlich in der Regionalbahn sitze und mich ans Fenster lehne, erschrecke ich vor dem Spiegelbild, das das Röhrenlicht an die Scheibe projiziert, während auf der dahinterliegenden Seite allmählich die Dämmerung einsetzt. Kleine, müde Augen starren mich an, darunter zeugen tiefe Ringe vom Chaos und Stress der letzten Wochen: Buch geschrieben, Job gekündigt, dringliche Auftragsarbeiten erledigt, Reiseroute geplant, Flüge gebucht, Impfmarathon durchlaufen, mehrere Visa beantragt und gestern schließlich noch meine Wohnung aufgelöst, sodass ich es auch in der vergangenen Nacht nur auf rund drei Stunden Schlaf brachte – meiner vorerst letzten Nacht in Deutschland.

Trotzdem – oder gerade deshalb – bin ich mutmaßlich der glücklichste Fahrgast an Bord dieser Bahn, denn genau jetzt und hier beginnt die Reise meines Lebens. Und nun, da alles andere erledigt ist, spüre ich zum allerersten Mal eine ungetrübte Vorfreude in mir aufsteigen. Dieses Gefühl steigert sich noch, als ich meinen Blick von meinem Spiegelbild löse und ihn langsam durch den Waggon gleiten lasse: Erschöpfte Partygänger der vergangenen Samstagnacht, teils regungslos bis schlafend auf die Sitzreihen verteilt, treffen auf sonntägliche Frühaufsteher, die um diese Uhrzeit bereits zur Arbeit pendeln und dafür offenkundig nur wenig Euphorie entwickeln können. Dazwischen: ich, in dieser Kulisse endlich auch vom letzten Restzweifel meiner Entscheidung befreit.

Wahrscheinlich ist es statistisch nicht erfasst, wie häufig ein Mensch durchschnittlich alle Verbindlichkeiten in seinem Leben aufkündigt und sich ohne größere Absicherung auf eine Weltreise begibt; ich bin jedoch überzeugt davon, dass dieser Wert nicht allzu hoch ausfallen dürfte. Dementsprechend habe auch ich meinen Entschluss lange vor mir hergeschoben und hatte anfänglich durchaus Probleme damit, mich an den Gedanken zu gewöhnen, mit einem Mal alles aufzugeben.

Natürlich hätte ich meinen Arbeitgeber genauso gut um einen mehrmonatigen unbezahlten Urlaub bitten können, doch ich wollte in jedweder Hinsicht frei sein – was im Umkehrschluss den Verzicht auf liebgewonnene Komfortzonen bedeutete. Obwohl ich nie ein großer Abenteurer war und im Zweifelsfall eher Vernunftentscheidungen treffe, wagte ich diesen Schritt letztendlich dennoch. Exakt drei Tage vor meinem 35. Geburtstag reichte ich die doppelte Kündigung ein – wohlwissend, was mir meine Reise im Sommer des Vorjahres alles gegeben und in mehrfacher Hinsicht bedeutet hatte: Mit einem Interrailticket und meinem gesamten Jahresurlaub im Gepäck war ich damals für die Dauer von knapp einem Monat durch Europa gereist und habe die eindrucksvollsten sowie außergewöhnlichsten Buchhandlungen unseres Kontinents besucht. Dabei steckte jeder Tag voller Überraschungen, neuer Erfahrungen sowie Begegnungen – und ich durfte feststellen, dass *das* die schönste nur denkbare Art des Reisens für mich ist und somit geradezu nach einer Fortsetzung verlangte.

Und genau diese nimmt nun ihren Anfang. Innerhalb von drei Monaten werde ich einmal den gesamten Erdball umrunden und den Buchhandel in all seinen Facetten erleben; was in dieser Zeit ansonsten noch passieren wird, ist ebenso ungewiss wie die Zeit danach. Sicher ist nur: Es war in jedem Fall die richtige Entscheidung.

Als ich den Frankfurter Flughafen erreiche, bin ich für meine Verhältnisse geradezu überpünktlich und erledige daher noch schnell ein paar letzte Besorgungen: ein Namensschild für meine große Reisetasche, eine üppige Auswahl an Snacks; abschließend wechsle ich am Schalter der Reisebank 150 Euro in japanische Yen.

Danach geht es mit dem Shuttle zum Flughafenterminal zwei hinüber, dessen Glaskorpus in der Sonne glänzt und taghell von Licht durchflutet wird. Ich checke ein und lasse mir ein letztes Mal versichern, dass ich für den Via-Flug nach Tokio, der einen Zwischenstopp in Shanghai einlegt, kein China-Visum benötige und mein Gepäck automatisch umgeladen wird.

»Keine Sorge, es wird schon alles gut gehen«, versichert mir die Airline-Mitarbeiterin nachdrücklich und schenkt mir dabei ein zuversichtliches Lächeln, das seine Wirkung jedoch schon nach wenigen Sekunden einbüßt. Als ich mich umdrehe, sperren schwerbewaffnete Flughafenpolizisten nämlich einen Teil des Terminals mit Markierungsband ab, in dessen Mitte sich ein herrenloser Koffer befindet.

»Verdammt«, schießt es mir durch den Kopf. Ehrlicherweise mache ich mir in diesem Moment allerdings nicht etwa Sorgen um die eigene Sicherheit, sondern fürchte vielmehr eine Vollsperrung des Flughafens, durch die mein Anschlussflug in Gefahr geraten könnte. Doch die Entwarnung folgt beinahe auf dem Fuße: »Das ist meiner!«, ruft er mehrmals, und es klingt fast wie »Nicht schießen!«, während er sich dem Koffer nähert. Dort angekommen, lesen ihm die Beamten lautstark die Leviten. Die Schaulustigen ringsum schütteln verständnislos den Kopf oder machen Fotos.

»Aber ich hab doch nur …«, stammelt der Mann kleinlaut, bricht ab und hebt ein eingeschweißtes Sandwich hoch, »… nur fünf Minuten …«

Ich atme tief durch. Der offensichtliche Schreck des Sandwichholers steckt auch mir noch in den Knochen. Aber: »Keine Sorge, es wird schon alles gut gehen«, rufe ich mir ins Gedächtnis und versuche, diesen Vorfall nicht als schlechtes Omen zu werten, während ich das Gate ansteuere.

Im Flieger werden bereits kurz nach dem Start die Mahlzeiten gereicht, bevor sich die Kabinen verdunkeln und ein Großteil der Passagiere dazu übergeht, sich der Bordelektronik zu widmen oder sich um etwas Schlaf zu bemühen. Mein Sitznachbar, einer der wenigen Nichtasiaten an Bord, sieht mir die Verwunderung offenbar an – es ist schließlich früher Nachmittag – und klärt mich umgehend auf.

»Die Zeitverschiebung«, sagt er und deutet auf die abgedunkelten Fenster. »Bereits während des Fluges passen wir uns dem veränderten Tagesrhythmus an, um einem Jetlag vorzubeugen. Übrigens – ich bin Gerd.« Wir schütteln uns die Hände.

Gerd ist schätzungsweise Ende fünfzig, trägt eine tropfenförmige Brille im Metzler-Stil der Achtzigerjahre und hat ein Herz aus Gold, wie mir nach und nach bewusst wird. Für eine Automobilfirma reist er regelmäßig nach Asien, hält Vorträge und besucht Produktionsstätten, weshalb er sämtliche Länder in Übersee wie seine Westentasche zu kennen scheint. Er berichtet, dass viele Arbeiter schlecht bezahlt werden, sodass er sie zu Ausflügen einlädt, wobei mir seine Erzählungen zugleich als Reisetipps dienen: Für die Petronas Towers in Kuala Lumpur sollte man sich schon früh am Morgen Tickets sichern, während man in Peking auf gar keinen Fall an der Verbotenen Stadt vorbeikommt. Nach einigen Minuten schwirrt mir bereits der Kopf, doch ich versuche, aufmerksam zu bleiben und möglichst viele Tipps mitzunehmen.

Als nach einer Weile meine eigenen Reisepläne zur Sprache kommen, wird Gerd mit einem Mal ruhig.

»Da hast du wirklich alles richtiggemacht«, beendet er die Stille schließlich, »wenn ich rückblickend irgendetwas verändern könnte, dann würde ich viel früher mit dem Reisen beginnen.« Er lacht mich an. »Ich wünsche dir, dass du tolle Erfahrungen machst und eine richtig gute Zeit hast. Buchhandlungen sind etwas Großartiges. Ich lese selbst unheimlich gern und ich bin gespannt auf deine Entdeckungen.«

»Ich auch«, entgegne ich und bin froh über diese erste Reisebekanntschaft.

Nach einem kurzen Zwischenstopp in Shanghai erreiche ich am nächsten Mittag mein erstes Ziel:

Wo man zwischen Büchern schlafen kann und die Landeshauptstadt ein eigenes Bücherviertel hat

1. Kapitel

JAPAN

Das japanische Jimbocho-Viertel zählt insgesamt 180 Buchhandlungen, von denen sich einige als reine Freiluft-Literaturorte präsentieren.

Nachdem ich mein Visum erhalten und meine Reisetasche eingesammelt habe, steuere ich am Flughafen von Narita zunächst einmal den Toilettenbereich an, um mich frischzumachen – inklusive Zeitverschiebung sind inzwischen immerhin fast 24 Stunden vergangen, seit ich in Frankfurt den Flieger bestieg. Danach bahne ich mir einen Weg durch die riesige Empfangshalle, die mit einem edlen Marmorboden ausgestattet ist, auf dem aus sämtlichen Richtungen hektische Schritte widerhallen. Mein Gang hingegen ist zögerlich, und ich versuche zunächst einmal, irgendeine Form der Orientierung zu finden sowie die Angebote des öffentlichen Personennahverkehrs zu verstehen. Leider stoße ich dabei bereits jetzt an meine sprachlichen Grenzen, da die meisten Automaten und Infostände keine englische Entsprechung der Stationsnamen ausweisen und ich mit den japanischen Schriftzeichen nichts anfangen kann. Glücklicherweise finde ich irgendwann einen offiziellen Info- sowie Ticketstand, an dem mir eine junge Japanerin freundlich Auskunft erteilt und die Optionen erläutert. Ich entscheide mich gegen die Hochgeschwindigkeits- und Hochpreiszüge wie den Narita Express oder den Skyliner und tingele stattdessen mit dem City Liner ins knapp siebzig Kilometer entfernte **Tokio**.

Fast alle Passagiere dösen während der Fahrt, obwohl ihre Müdigkeit kaum größer sein kann als meine. Aus kleinen Augen begutachte ich die vorbeiziehende Landschaft. Nach und nach wird die Besiedlung immer dichter, bevor ich nach rund zwei Stunden und einem erfolgreichen Umstieg die Station Ikebukuro im Westen Tokios erreiche. Hier irre ich durch ein kaum enden wollendes unterirdisches Gänge-Labyrinth, in dem mir alle paar Meter eine neuerliche Menschenmasse begegnet, die aus irgendeinem Seitenarm entlassen wird, bevor ich irgendwann – zufällig – einen Ausgang finde und auf der Straße stehe ... und da stehe ich erst einmal.

»Kann ich dir helfen?«, wird mein suchender Blick mit einem Mal von den kastenförmigen Hochhäusern und bonbonbunten Geschäftsgebäuden in Richtung Straße gelenkt. Vor mir steht eine junge Japanerin, die mich mit einem breiten Lächeln begrüßt.

»Hier sprechen nicht so viele Leute Englisch«, holt sie aus – und ergänzt:»... nur falls du schon irgendwen gefragt haben solltest. Die meisten halten nicht einmal an, wenn sie einem Fremden begegnen, weil sie sich keine Blöße geben wollen.«

»Nein«, erwidere ich,»ich habe noch niemanden gefragt. Aber ich kann wirklich Hilfe gebrauchen.« Ich zeige ihr den Ausdruck meiner ersten anvisierten Station, meiner Wunschunterkunft für heute Nacht, die den Ausführungen der Japanerin zufolge nicht allzu weit entfernt liegt. Für mich stellt sie dennoch ein unerreichbares Ziel dar, da es kein nachvollziehbares Leitsystem zu geben scheint und die Wegbeschreibung der Japanerin nicht mit den Örtlichkeiten übereinstimmt. Wie ich feststellen muss, sind die Straßennamen Tokios nicht ausgeschildert – stattdessen richten sich die Adressangaben nach den Bezirken und Häuserblöcken. Die Hausnummern folgen wiederum nicht zwangsläufig einer numerischen Abfolge, sondern orientieren sich am Baujahr der Häuser; teilweise tragen diese auch Eigennamen.

Ein paar Querstraßen weiter, inzwischen orientierungsloser denn je, lege ich eine kurze Rast ein und lasse mir die Wegbeschreibung auf meinem Handy anzeigen. Und siehe da: Ich bin lediglich eine Straße von meinem Ziel entfernt...

... Dummerweise soll die Unterkunft vollständig ausgebucht sein. Ich lasse es dennoch auf einen Versuch ankommen und erreiche kurz darauf:

Book and Bed Tokyo

1-17-7, Lumiere Building (7. und 8. Stock)
Nishi Ikebukuro, Toshima-ku, 171–0021 Tokio

Auf der stark frequentierten Hauptstraße ist das bibliophile Hostel leicht zu übersehen; lediglich eine dunkelblaue Tafel im oberen Bereich der Fassade weist auf diesen besonderen Ort hin. Auf der Suche nach dem richtigen Eingang laufe ich mehrmals in beiden Richtungen vor dem Gebäude hin und her, bis ich schließlich halb genervt, halb verzweifelt eine Glastür probiere, die auf den ersten Blick ausschließlich in ein Restaurant zu führen scheint. Die Kellner dort sind hilflos herumirrende Touristen wie mich offenbar schon gewohnt, denn während ich beim Anblick der speisenden Gäste die Hoffnung schon aufgebe und das Lokal gleich wieder verlassen will, tippt mir eine der Bedienungen, ein kleiner Japaner im Anzug, mit einem weiß behandschuhten Zeigefinger sacht an den Oberarm und weist mir mit einer fließenden Handbewegung den Weg zu einem Fahrstuhl, der mich in den siebten Stock des Hochhauses bringt.

Hier nimmt mich Minami in Empfang, die nicht nur ein auffallend symmetrisches Gesicht hat und mich mit ihrem feixenden Blick ein bisschen an Björk erinnert, sondern im nächsten Moment auch zu meiner ganz persönlichen Heldin avanciert: Als ich ihr sowohl von meinem Reiseprojekt als auch von meiner Enttäuschung ob der Überbuchung des Hostels berichte und anfrage, ob in den kommenden Tagen eventuell ein Platz frei wird, bittet sie mich überraschend herein.

»Einen Schlafplatz haben wir noch frei«, verkündet sie mir mit einem Augenzwinkern – und ich kann mein Glück ob der sich mir eröffnenden Kulisse kaum fassen.

Der rund 140 Quadratmeter große Raum wird einseitig von einem riesigen, durchlaufenden Bücherregal ausgefüllt, das in einem hellen Holzton gehalten ist und rund dreitausend Titel bereithält. Das Besondere: In dieses Bücherregal sind Schlafplätze im Stile der japanischen Kapselhotels eingelassen, mit denen man – vor allem in der Hauptstadt – dem grundsätzlichen Platzproblem begegnen möchte (die durchschnittliche Wohnungsgröße beträgt knapp 15 Quadratmeter). Platzsparende Kapselhotels, bei denen die Betten im Stile von Bienenwaben in die Wand integriert sind, erfreuen sich in Japan grundsätzlich großer Beliebtheit; in dieser Konstellation hat dieses Konzept aber vor allem eines: unglaublich viel Charme – denn welcher Literaturliebhaber könnte sich etwas Schöneres vorstellen, als lesend zwischen Büchern einzuschlafen?

Tatsächlich haben die Macher dieses Hostels, das Unternehmen R-Store, bei der Ausgestaltung des Book and Bed so ziemlich alles richtiggemacht und eine einmalige Wohlfühlatmosphäre geschaffen. So findet sich an der Decke nicht nur eine eindrucksvolle Bücherinstallation, die das Gefühl vermittelt, die Titel würden in der Luft schweben, sondern auch große Retro-Glühbirnen, die mit ihrem warmen Licht für eine gemütliche Stimmung sorgen. Im hinteren Teil schließt sich eine große Sitzecke an, die von einem Kronleuchter aus Büchern und Designlampen überthront wird, während auf der anderen Seite das Gemeinschaftsbad zu finden ist.

Das Book and Bed eröffnete im November 2015 und ist seitdem fast durchgängig ausgebucht, wobei nur dreißig Prozent der Besucher aus dem Ausland kommen. Der überwiegende Teil der Gäste stammt aus Japan, teilweise sogar aus Tokio selbst, und will sich mit einer Übernachtung schlichtweg ein besonderes Erlebnis gönnen – teilweise auch in großen Gruppen, um beispielsweise (s)einen Geburtstag in Form einer Pyjama-Buchparty zu begehen.

»Es gibt die verrücktesten Geschichten«, wirft Minami ein, »vor kurzem begegneten sich hier zwei alte Freunde nach über zehn Jahren erstmals wieder. Zufällig!«

Wir lachen beide, bevor ich mein Gepäck verstaue und mir eine erfrischende Dusche gönne. Als ich in den Eingangsbereich zurückkehre, präsentiert mir Minami eine Liste mit sehens- bzw. besuchenswerten Buchhandlungen. »Die habe ich eben für dich erstellt«, erklärt sie feierlich und wieder mit diesem feixenden Grinsen im Gesicht. »Natürlich längst nicht vollständig«, schiebt sie hinterher, »eine der Buchhandlungen hat uns aber zum Beispiel mit all den Büchern versorgt, die du hier siehst.«

Ich bin überwältigt und bedanke mich für ihre Mühe, bevor ich mich in Richtung Ausgang verabschiede.

»Have a book day«, ruft Minami mir hinterher, und dieses Mal zaubere ich mein schönstes Lächeln aufs Gesicht.

UPDATE: Während sich das Hostel zum Zeitpunkt meines Aufenthalts ausschließlich im siebten Stock befand, ist es inzwischen in Richtung des achten Stockwerks expandiert und bietet nunmehr dauerhaft fünfzig Schlafplätze an. Für das leibliche Wohl sorgt mittlerweile eine eigene Bar, und in Kyoto und Fukuoka eröffneten zwei zusätzliche Standorte; weitere Filialen sind in Planung.

140 Quadratmeter, dreitausend Bücher, dreißig Betten: Im Book and Bed sind die Schlafplätze in ein Bücherregal integriert.

Zurück auf der Straße wage ich zunächst eine kleine Erkundungstour durch das Viertel, das für den ungeübten Besucher mit einer allgegenwärtigen Reizüberflutung aufwartet: An den Häuserfassaden blinkt es ununterbrochen, während vor vielen Geschäften eine Mischung aus Marktschreiern und Animateuren ihr Bestes gibt und die jeweiligen Produkte des Hauses in den schrillsten Tönen anpreist, um Kunden in den Laden zu locken.

Nachdem ich mir eine Stärkung gegönnt habe, kehre ich zum Bahnhof Ikebukuro zurück, von wo aus ich mit dem Zug in den Süden Tokios hinausfahren möchte. Nach einigen Anläufen erhalte ich eine ungefähre Ahnung vom Aufbau und der farblichen Kennzeichnung des hiesigen U-Bahn-Netzes. Außerdem glaube ich herausgefunden zu haben, dass sich der Preis der Fahrkarte nach der Anzahl der gefahrenen Stationen richtet, und so löse ich ein Ticket für zweihundert Yen nach Shibuya.

Als ich die Station an einem Seitenausgang verlasse, ist es bereits dunkel, und ein leichter Nieselregen hat eingesetzt, der mich auf meinem Fußweg in Richtung Süden begleitet. Befand ich mich gerade noch im belebten Zentrum des Viertels, lotst mich mein Handy nach wenigen Gehminuten durch menschenleere schmale Straßen und Gassen, die von kleinen Häusern sowie Anwesen gesäumt werden und scheinbar geradewegs durch ein exklusives Wohngebiet führen. Nach circa zwanzig Minuten entdecke ich in der Ferne plötzlich ein Leuchten, das sich warm und breit in die Dunkelheit legt. Ich nähere mich ihm und stelle fest, dass es sich dabei um mein erstes Buchhandelsziel handelt:

Daikanyama T-Site

🌐 17–5 Sarugakucho, Shibuya-ku, 150–0033 Tokio

Das Daikanyama T-Site gehört zur japanischen Tsutaya-Kette, die 1983 in Osaka eröffnete und inzwischen über 1.400 Dependancen zählt. Neben Büchern gehören vor allem Musik und Unterhaltungselektronik zum Kerngeschäft des Unternehmens, das mit dem T-Site-Komplex etwas ganz Neues schuf – optisch sowie inhaltlich.

Auf einer Länge von insgesamt 55 Metern schmiegen sich drei futuristisch anmutende Gebäude aneinander, die sowohl über eine durchgängige Straße als auch über Brücken miteinander verbunden sind. Die Fassaden bestehen aus großen Glasflächen, die im oberen Bereich in ein weißes modulares Wabenmuster übergehen, das die Häuser jeweils mit einem Flachdach abschließt. Ringsum blühen hohe Bäume und Gärten, was dem Ganzen inmitten der hektischen Millionenmetropole einen einzigartigen Touch verleiht.

Durch die hohe Verglasung kann man von außen bereits in die drei Pavillons blicken und zahlreiche Gäste ausmachen, die es sich mit einer Lektüre auf den eigens dafür eingerichteten Leseplätzen bequem gemacht haben oder im angeschlossenen Café sitzen.

Als ich das T-Site schließlich selbst betrete, bin ich augenblicklich begeistert: Das Interieur passt sich nahtlos dem Äußeren an und verknüpft eine behagliche Atmosphäre mit modernem Design. Warme Holztöne dominieren den Raum, und die Beleuchtung gestaltet sich durchgängig indirekt und reicht von Lichtleisten zwischen den – oftmals doppelstöckigen – Regalen bis hin zu größeren Lampenschirmen an der Decke und auf den Tischen, die für ein wohlig-warmes Licht sorgen.

Jede Abteilung ist individuell eingerichtet: Die Gartenabteilung schmücken kleine Bonsaibäume, wohingegen der Musikbereich, der mehr als 120.000 Artikel führt, über vierzig urgemütliche Ledersessel mit angeschlossenen Hörstationen verfügt. Insgesamt 4.200 Quadratmeter Grundfläche umfasst der außergewöhnliche Gebäudekomplex, der Ende 2011 eröffnete und mit Öffnungszeiten von sieben Uhr morgens bis zwei Uhr nachts lockt – täglich, an sieben Tagen pro Woche!

Wie ich von einer englischsprachigen Buchhändlerin erfahre, wird dieses Angebot sehr gut angenommen und das T-Site als Aufenthaltsort zwischen Arbeit und Wohnung begriffen. Tatsächlich mutet es wie ein überdimensioniertes Wohnzimmer an – ein Wohnzimmer mit einer Bücherauswahl, die ihresgleichen sucht.

Mein persönlicher Lieblingsort ist schon bald die sogenannte »Bibliothek« im Obergeschoss des ersten Gebäudeteils: Hier finden sich rund 120 Sitzplätze unter einem Glasdach, die von Bücherregalen eingerahmt werden. Die Theke, an der man Kaffee, Drinks oder kulinarische

Köstlichkeiten bestellen kann, besteht aus Büchern. Absolute Besonderheit: Über ipads kann man sich nicht nur die Speisekarte zu Gemüte führen, sondern auch den gesamten Bücherbestand einsehen, zu dem unter anderem seltene antiquarische Titel und Magazine gehören.

Nachdem ich feststelle, dass es strengstens untersagt ist, im T-Site Notizen oder gar Fotos zu machen, fahre ich am nächsten Vormittag kurzentschlossen, aber noch nicht vollumfänglich mit der neuen Zeitzone im Reinen, zur Verwaltung der Tsutaya-Kette hinaus. Nur fünf Minuten von der Shinsen-Station entfernt erwartet mich ein eindrucksvoller Büro-Wolkenkratzer, der offensichtlich nicht auf Privatbesuche ausgelegt ist.

»Tut mir für Ihr wunderbares Projekt ganz besonders leid«, beteuert mir ein Marketingmitarbeiter, während er seine Hände gebetsartig ineinanderlegt, »aber wir können wirklich keine Ausnahmen machen.«

»Schon gut«, versuche ich meine Enttäuschung zu überspielen, »ich verstehe das.«

Ich kehre dennoch zum T-Site zurück und versuche gerade, heimlich ein paar Bilder zu machen, um die Kulisse möglichst detailreich in Erinnerung zu behalten, als ich die englischsprachige Buchhändlerin von gestern Abend wiedertreffe. Ihr spitzes Lächeln verrät mir, dass sie mein Vorhaben durchschaut hat, doch anstatt mich zur Rede zu stellen, sieht sie galant darüber hinweg und bietet mir stattdessen eine Tour durch den gesamten Komplex an, zu dem sogar ein Supermarkt gehört. Als wir schließlich in der Reiseabteilung angekommen sind, die sich an das Café im Mittelteil anschließt, endet meine Führung.

»Übrigens: Wir haben hier nicht nur Buchhändler, sondern auch Buch-Concierges. Das sind Mitarbeiter, die als Quereinsteiger bei uns gelandet sind und ihr Spezialwissen aus anderen Berufen nun für uns nutzen«, erläutert die Buchhändlerin stolz und deutet dabei auf einen kahlköpfigen, etwas älteren Herrn im Hintergrund, der sich gerade im Gespräch mit einer Kundin befindet. »Mein Kollege dort drüben war zum Beispiel ein sehr renommierter Reisejournalist, der heute – statt den Ruhestand zu genießen – seinen Wissens- und Erfahrungsschatz dafür nutzt, um ihn mit unseren Kunden zu teilen und sie erstklassig zu beraten.«

Ich bin beeindruckt von dieser Idee und bedanke mich für die Tour, bevor ich dem Gespräch des Journalisten, der eine Touristin aus Großbritannien berät, eine Weile lausche. Es geht um eine Reise nach Paris – und schon kurz darauf schließe ich den Buch-Concierge in mein Herz, ohne auch nur einmal selbst mit ihm gesprochen zu haben. Neben dem Eiffelturm und dem Louvre legt er der Britin vor allem die Buchhandlung Shakespeare & Company als Ausflugsziel ans Herz.

Beglückt von diesem schönen Erlebnis, fahre ich anschließend mit der U-Bahn in östliche Richtung, wo ich mich unmittelbar nach Verlassen der Station bereits inmitten meines nächsten Reiseziels befinde:

> ## ... schon gewusst?
> ### Haruki Murakami und seine Bücher
>
> In seinen Werken weist Haruki Murakami nicht nur regelmäßig auf das Jimbocho-Viertel hin, sondern betrieb hier ehemals einen Jazzclub.
> Zudem hat Murakami ein großes Herz für den stationären Buchhandel: So kam es 2015 zu großer Aufregung um sein Buch *Von Beruf Schriftsteller*: Die japanische Buchhandelskette Kinokuniya ging einen exklusiven Deal mit Murakamis Verlag ein, der ihr neunzig Prozent der Erstauflage sicherte, wodurch Amazon fast leer ausging.[1]

Jimbocho

 Chiyoda-ku, 101–0051 Tokio

Dieses Viertel steht nicht nur auf Minamis Liste ganz oben, sondern wurde auch von mir im Zuge meiner Reisevorbereitungen mit einem dicken Ausrufezeichen markiert, was sich sogleich als absolut gerechtfertigte Einschätzung erweist. Der relativ zentral gelegene Bezirk wird von einigen Universitäten und Hochschulen umrahmt und gilt mit seinen rund 180 Buchhandlungen als eine der größten »Book Towns« weltweit (einige bezeichnen Jimbocho sogar als die größte). Die Geschichte des Viertels reicht dabei rund hundert Jahre zurück, als Shigeo Iwanami, ein

---

[1]   *The Japan Times* (http://www.japantimes.co.jp/news/2015/08/27/business/kinokuniya-buy-first-editions-new-murakami-book/)

… schon gewusst? Japanische Wortmalerei

Das Schöne an Japan ist, dass man für (fast) alle landestypischen Besonderheiten eigene Begriffe kreiert. So werden auch bibliophile Spleens mit wohlklingenden Eigennamen ausgestattet, die den Eindruck erwecken, als würde man einer Kunstform nachgehen:

Tsundoku leitet sich aus den Begriffen »tsumu« (»anhäufen«) und »doku« (»lesen«) ab und beschreibt das zwanghafte Kaufen neuer Bücher, die ungelesen ins Regal wandern. [2]

ortsansässiger Lehrer, eine Gebrauchtbuchhandlung eröffnete, nachdem ein verheerender Brand 1913 den gesamten Bezirk zerstört hatte. Neben dem Betrieb der Buchhandlung betätigte sich Iwanami als Verleger und veröffentlichte unter anderem den bekannten Autor Natsume Sōseki, der zwischenzeitlich sogar die japanischen Tausend-Yen-Banknoten zierte, wodurch Iwanamis Geschäft alsbald florierte. Nach und nach zog die Buchhandlung nicht nur immer mehr Kunden aus der Region an, wozu auch die Universitäten mit ihren Studenten maßgeblich beitrugen, sondern es siedelten sich weitere Buchhandlungen an, die sich nicht etwa einen erbitterten Konkurrenzkampf lieferten, sondern bis heute größtenteils perfekt ergänzen, wie ich auf meiner ausgiebigen Tour feststellen darf.

Mindestens jedes zweite Gebäude entlang der Straßen Yasukuni und Hakusan, die sich auf Höhe der Jimbocho-Station kreuzen, beheimatet eine Buchhandlung, deren Optik jeweils ebenso individuell ist wie das Sortiment. Zwischen Bars und kleinen Restaurants trifft man auf Großbuchhandlungen, die sich über mehrere Etagen erstrecken, genauso wie auf renommierte Antiquariate, mobile Buchhändler, die ihre Titelauswahl auf geräumigen Handkarren herumkutschieren, oder auf Garagenverkäufer. Vor allem die mobilen Buchhandlungen erfreuen sich dabei größter Beliebtheit, was unter Umständen daran liegen mag, dass sie im nächsten Moment schon wieder verschwunden sein können. Neben den Handkarren, auf denen die Bücher bündelweise aufgestapelt sind, gibt es auch Rikschas, deren Sitzflächen zu großen Tischen umfunktioniert wurden, sodass sie eine besonders große Präsentationsfläche bieten.

---

[2]   http://wasliestdu.de/magazin/2017/kleines-woerterbuch-der-bibliophilen-eigenschaften

Ebenso vielfältig präsentiert sich die Titelauswahl, die bei klassischen »Mamehons« beginnt (eine japanische Kunstform für kleine handgefertigte Bücher, die exakt 76 mal 76 Millimeter groß sind) und über antiquarische Schriftrollen im Wert von mehreren Zehntausend Euro bei zeitgenössischer Literatur und Manga endet. Dazwischen findet sich allerhand Spezialliteratur, die mitunter besondere Blüten treibt: 2013 führte die Anekawa-Buchhahandlung eine Abteilung für Katzenliteratur ein, die mittlerweile zu einem Shop-in Shop gewachsen ist. Mit etwas Glück trifft man dort sogar auf den »Store Manager« Rikuo, bei dem es sich passenderweise um eine Katze handelt.

Als absolute Besonderheit finden sich in den kleinen Nebengassen des Viertels zahlreiche Freiluft-Buchhandlungen in Form langer Regalwände, die sich an die Häuserfassaden schmiegen. Wie ich von einem Buchhändler im Book House erfahre, sind diese Regale fast alle nach Norden ausgerichtet, um die Bücher vor direkter Sonneneinstrahlung zu schützen; ziehen Regen oder Sturm auf, rennen die Buchhändler herbei, um ihre Ware mit dicken Vorhängen zu schützen, die an keinem Regal fehlen dürfen.

Als es um kurz nach achtzehn Uhr zu dämmern beginnt, muss ich feststellen, dass mich das Bücherviertel mit all seinen Entdeckungen vollkommen die Zeit hat vergessen lassen, weswegen ich mich rasch in Richtung U-Bahn-Station aufmache und in den Süden, zur Station Ginza, fahre.

Kurz nachdem ich den Bahnhof verlassen habe und die etwas weniger belebten, schmalen Straßen entlanglaufe, setzt ein Platzregen ein, der mich zu einer Sprinteinlage zwingt ... zumindest zum Versuch desselben. Die schiere Menge Nass, die sturzbachartig aus dem Himmel rauscht, verwandelt den Asphalt unter meinen Füßen in eine spiegelglatte Fläche, und ich lege mich platschend aufs Pflaster. Kurzzeitig bin ich mir nicht sicher, was schlimmer ist: mein blutender Ellenbogen oder mein gesprungenes Handydisplay. Zum Glück funktioniert beides noch, und ich kann meinen Weg fortsetzen. Servietten aus einem Supermarkt müssen für heute als Verbandszeug genügen. Wenig später erreiche ich mein letztes Tagesziel:

Morioka Shoten

 Ginza, 1 Chome-28-15, 104-0061 Tokio

Nur drei Geschäfte erhellen in der abendlichen Dunkelheit die schmale Einbahnstraße, in der ich stehe: ein japanisches Schnellrestaurant, das die Straße mit dem Duft von Jasminreis und Fischsuppe erfüllt, ein Fahrradladen und jene Buchhandlung, deren Besuch ich mit besonderer Spannung entgegengefiebert habe, nachdem ich ein Porträt über sie im englischen *Guardian* gelesen hatte. Morioka Shoten befindet sich im Erdgeschoss eines vierstöckigen Wohnhauses. Der Verkaufsraum der Ein-Raum-Buchhandlung misst kaum mehr als zwanzig Quadratmeter und liegt hinter einer etwa 2,5 mal 2,5 Meter großen Glasfläche, die Schaufenster und Eingangstür zugleich ist.

In der Mitte der Buchhandlung, gleich hinter dem Fensterglas, das die Aufschrift »A single room with a single book« trägt, steht ein Tisch, auf dem ein einzelner Titel in mehrfacher Ausführung ausliegt – ein Bildband, in prachtvollem roten Leinen eingebunden.

Beinahe andächtig stehe ich eine Weile lang auf der Straße und genieße das angenehm ruhige Bild, das die Buchhandlung abgibt. Als ein junges Pärchen den Laden betritt, schließe ich mich an; gemeinsam mit dem Inhaber, der hinter einem zu einem Schreibtisch umfunktionierten Schrank sitzt, füllen wir den Raum beinahe vollständig aus. Ich betrachte die Fotografien ringsherum. Sie zeigen eine junge Japanerin in verschiedenen Modelposen, sind schwarz gerahmt und setzen sich dadurch krass von den weißen Wänden ab. Schließlich halte ich es nicht mehr aus – ich muss einfach nachfragen! – und wende mich an den Inhaber, der kaum vierzig zu sein scheint und in seiner weißen Kleidung mitsamt der schwarzen Designerbrille, die auf seinem kahlrasierten Kopf sitzt, wie ein Künstler in seinem Atelier aussieht.

Wie sich herausstellt, spricht Yoshiyuki Morioka nicht allzu häufig Englisch – mit Unterstützung des jungen Pärchens, das dolmetschend aushilft, erfahre ich dann aber dennoch ein paar Hintergründe zu seiner

Buchhandlung. Bevor er Morioka Shoten eröffnete, betrieb Yoshiyuki unweit des jetzigen Standorts zehn Jahre lang eine andere Buchhandlung. Ein großes Sortiment hatte er auch dort nie; irgendwann kam er auf die Idee, das Ganze auf ein Minimum zu reduzieren und sich auf exakt *einen* Titel pro Woche zu beschränken. Das Konzept: Diesen einen Titel mit so viel Überzeugung und Nachdruck zu empfehlen, dass dem Buch die gesamte Buchhandlung gehört und es eine Rundum-Inszenierung erfährt.

»Die aufgehängten Bilder entstammen zum Beispiel allesamt diesem Bildband«, führt Yoshiyuki aus. »Und so handhaben wir das in jeder Woche. Wir arbeiten viel mit Bildern; außerdem sind häufig auch die Künstler oder Verleger anwesend.«

Das Konzept scheint aufzugehen: Die Buchhandlung wurde inzwischen mit dem Red Dot Design Award ausgezeichnet und brachte es auf Zeitungsartikel in der ganzen Welt. »Erst letzte Woche war jemand aus England hier«, berichtet Yoshiyuki schmunzelnd, »und jetzt du!«

Als ich am sehr späten Abend ins Hostel zurückkehre und mit Minamis Zustimmung meine deutschsprachigen Tokio-Reiseführer in den Buchbestand von Book and Bed überführe, lerne ich im Lounge-Bereich ein junges chinesisches Pärchen kennen, das sich sehr für Deutschland interessiert. Ihre Begeisterung, einem echten Deutschen zu begegnen, wächst noch, als sie erfahren, dass ich bald in ihre Heimatstadt reisen werde: Chengdu.

»Du willst sicherlich die Pandas besuchen«, sagt der Mann in gebrochenem Englisch. Als ich entgegne, dass es mir vor allem um Buchhandlungen geht, strahlen beide – wo könnte man schließlich auf mehr Verständnis für ein derartiges Reisevorhaben stoßen als im Book and Bed?

Und so kommt es, wie es in diesem Hostel wohl kommen muss: Statt früh schlafen zu gehen, wie ich es ursprünglich geplant hatte (am nächsten Morgen wartet auf mich der Weiterflug), verlieren wir uns in endlosen Diskussionen über Bücher und Buchhandlungen, an deren Ende wir unsere Adressen auf kleine Zettel schreiben und uns gegenseitig einen Buchwichtel zulosen. Sobald wir zu Hause sind, so versprechen wir uns, überraschen wir unseren Partner dann mit einem Buchpäckchen.

Als ich irgendwann weit nach Mitternacht in meinem schmalen Bett zwischen all den Büchern liege, genieße ich ein letztes Mal die besondere Stimmung. Das warme, gegen Abend gedimmte Licht dringt zwischen Regal und Vorhang in mein Abteil, und es scheint ein wenig so, als würde dieser Raum genauso wenig schlafen wie die Geschichten, die sich in Form der Bücher in ihm versammeln. Hin und wieder höre ich Gäste leise flüstern und kichern – vor allem aber schwingt das leise Rascheln von Buchseiten durch die Nacht.

Weitere besuchte Buchhandlungen Tokios im Kurzporträt:

Shibuya Publishing & Booksellers

 Kamiyamacho, 17–3, 154–0047 Tokio

Shibuya Publishing & Booksellers – oder kurz: SPBS – befindet sich nur wenige Hundert Meter von der weltbekannten Kreuzung entfernt, und doch herrscht hier eine gänzlich andere Atmosphäre. Während Shibuya Crossing in den Abendstunden von bis zu 15.000 Menschen pro Ampelphase überquert wird und die hoch aufgeschossenen Geschäfte ringsum mit blinkenden LED-Tafeln und dröhnender Popmusik auf sich aufmerksam machen, geht es bei SPBS deutlich ruhiger zu.

Das gesamte Unternehmen ist im Erdgeschoss eines dreistöckigen Wohnhauses beheimatet. Eine auf Hochglanz polierte Glasfassade, die sich über die komplette Breite des Hauses erstreckt, gewährt Einlass in die 2008 gegründete Buchhandlung. In der Mitte des Raumes nehmen sich die obligatorischen Verkaufstische ihren Platz, drumherum schmiegen sich exzentrische Designregale die Wände entlang. Hier finden sich sowohl Eigenpublikationen des angeschlossenen Verlagshauses, dessen

Redaktion man – nur durch eine Glaswand getrennt – im hinteren Teil des Gebäudes bei der Arbeit beobachten kann, vor allem aber auch ausgewählte Romane, Manga, Bildbände, Kochbücher und unglaublich süße Kinderbücher anderer Verlage. Außerdem gibt es eine Tokio-Sektion sowie eine schöne Auswahl fremdsprachiger Titel.

Die Besonderheit dieser Buchhandlung liegt eindeutig darin, dass man sich nicht auf den Verkauf bekannter Bestseller konzentriert, sondern eigene Entdeckungen präsentiert, die mit handgefertigten Empfehlungsschreiben beworben werden. Darüber hinaus vertreibt SPBS trendige Taschen, T-Shirts, Karten, Poster, Schmuck ... und alles, was sonst noch hübsch und nützlich ist. Ach ja,»natürlich« ist SPBS neben Verlag und Buchhandlung auch noch Marketing-, PR- und Event-Agentur und stattet als solche die Hostels von Book and Bed mit ausgewählten Büchern aus.

Junkudo Ikebukuro

 2 Chome-15-5 Minamiikebukuro, 171–0022 Tokio

Ein weiterer Tipp, den ich Minami zu verdanken habe: Nur etwa fünfhundert Meter vom Book and Bed entfernt findet sich Tokios größte Buchhandlung, wenn man das Daikanyama T-Site mit seinen großen Film-, Musik- und sonstigen Nutzungsflächen herausrechnet. In den Abendstunden ähnelt die Buchhandlung, die sich über zehn Etagen und circa zweitausend Quadratmeter erstreckt, dank ihrer komplett verglasten und voll ausgeleuchteten Fassade einem überdimensionalen Legostein und lässt die angrenzenden Cafés, Elektronikmärkte und Kaufhäuser auf der belebten Hauptstraße mühelos erblassen. In den vergangenen Jahren ist Junkudo mehrere strategische Allianzen unter anderem mit Maruzen und Bunkyodo eingegangen, wodurch das Unternehmen heute über rund dreihundert Standorte in Japan, Taiwan und Frankreich verfügt.

Das Junkudo Ikebukuro wirkt selbst für Tokios Größenverhältnisse riesig und bietet enorm viel Platz und Auswahl. Die Kunden schätzen vor allem die unzähligen Sitzgelegenheiten, die sich über sämtliche Etagen verteilen und in Fensternähe eine schöne Aussicht auf das Viertel bieten. Bei Touristen stehen vor allem die Fremdsprachenabteilung im neunten Obergeschoss sowie das Café auf der vierten Etage hoch im Kurs.

Fun-Fact: Inspiriert vom Tweet einer Kundin, wonach diese am liebsten in einer Junkudo-Buchhandlung wohnen wolle, verloste das Unternehmen im Jahr 2014 sechs Übernachtungsplätze für Buchliebhaber in ihrer Tokioter Buchhandlung. Junkudo konnte sich vor Einsendungen kaum retten.

The Isseido Booksellers

 1–7 Kanda Jimbocho, Chiyoda-ku, 101–0051 Tokio

Isseido zählt zu den ältesten und renommiertesten Buchhandlungen des Jimbocho-Viertels und strahlt genau das auch aus. Die Fassade ist mit edlem Granit gefliest, während die breite Glasfront des Eingangsbereiches in dunkles Holz eingefasst und mit Gold beschrieben ist. Gäbe es die allgegenwärtigen Bücherstapel nicht, würde man von außen betrachtet eine Edelboutique in diesem Gebäude vermuten.

In dritter Familiengeneration wird die Buchhandlung heute von Takehiko Sakei geleitet, der sich freundlicherweise Zeit für mich nimmt und mir den Werdegang des Unternehmens erzählt. 1903 in Nagaoka gegründet, zog die Buchhandlung 1906 nach Tokio, wo sie in der Folge gleich zwei Katastrophen innerhalb kürzester Zeit zu überstehen hatte: Auf das verheerende Feuer von 1913, das die gesamte Region zerstörte, folgte 1923 ein tragisches Erdbeben, das einen abermaligen Rückschlag bedeutete. Dennoch blieb die Familie dem Standort treu und erlebte somit die Entstehung des Jimbocho-Bücherviertels von Anfang an mit.

Heute erweist sich Isseido als antiquarische Schatzkammer und ist ein Eldorado für jeden Buch- und Historienliebhaber. Jedes der Bücher, viele davon in Papier eingeschlagen, hat neben der eigentlichen Geschichte zwischen den Buchdeckeln noch eine weitere, ganz eigene zu erzählen, die sich auf die Zeit der Entstehung bezieht. Wenn man langsam durch die Regalgänge von Isseido streift, riecht es förmlich nach Geheimnissen und Vergangenheit. Im Obergeschoss finden sich seltene Schriftrollen und Landkarten. Als ich meinen Blick über die Vitrinen gleiten lasse, entdecke ich eine Karte aus dem 17. Jahrhundert für fünfhunderttausend Yen (umgerechnet rund 4.500 Euro): *Nova et Accurata Iaponiae, Terra Esonis.*

Fun-Fact: In der Fremdsprachenabteilung, die in erster Linie englischsprachige Bücher führt, finde ich exakt eine deutsche Ausgabe. Deren denkwürdiger Titel lautet: *Wurzelrepetition und Wunschsatz.*

Yaesu Book Center

 2–5–1 Yaesu, Chuo-ku, 104–8456 Tokio

Das Stammhaus des Yaesu Book Center steht unweit der Tokyo Station im hiesigen Geschäftsviertel. 1977 gegründet, erstreckt sich diese Buchhandlung über neun Etagen. Unmittelbar vor dem Eingang finden sich die Bronzestaue eines Lesers sowie das stilisierte Logo der Buchhandlung, ein Herz aus Stahl, und geleiten in das Gebäude hinein.

Das Erdgeschoss folgt dem üblichen Schema: Wöchentlich aktualisiert, winken auffällig die Bestseller, daneben finden sich hier Zeitschriften, Kunstwerke und diverse Accessoires, beispielsweise in einer Disney-Fan-Ecke. In den oberen Stockwerken wird eine schier unerschöpfliche Auswahl an Literatur geboten, die von Romanen über Sachbücher, Manga, Kinderbücher bis hin zu spezieller Fachliteratur der Medizin oder Programmiersprachen reicht. Die Fremdsprachenabteilung im Obergeschoss rundet das Ganze ab.

Die Besonderheit der Buchhandlung: Neben einem »Print on demand«-Drucker für internationale Zeitschriften hat sich Yaesu, das inzwischen auch außerhalb Tokios Filialen betreibt, die Themen Umweltbewusstsein und Nachhaltigkeit auf die Fahne geschrieben. In Kooperation mit Kajima, einem der führenden Bauunternehmen

Das Stammhaus des Yaesu Book Center erstreckt sich über insgesamt neun Etagen. Dieser Bereich lässt u. a. das Herz aller Manga-Liebhaber höher schlagen.

Japans, wurde unlängst ein Bienenstock auf dem Dach der Buchhandlung eingerichtet, um die Artenvielfalt in der Millionenmetropole zu erhalten. Nebenbei produziert man dadurch eigenen Honig, der im Café der Buchhandlung verkauft wird. Um auch die Jugend für diese Themen zu sensibilisieren, hält die Buchhandlung entsprechende Lehrveranstaltungen für Schulen ab.

BookHouse / Kitazawa Foreign Bookstore

 2 Chome-5 Kanda Jimbocho, Chiyoda-ku, 101–0051 Tokio

Bereits die Fassade dieser außergewöhnlichen Buchhandlung ist ein echter Hingucker: Zwei Säulen stützen das Vordach unter dem sich der verglaste Eingangsbereich anschließt. Die zweistöckige, gut zehn Meter breite Fensterfront ist mit einem roten Vorhang verziert, der die Buchhandlung wie ein Theater anmuten lässt.

Wenn man das Gebäude betritt, befindet man sich zunächst in einem Paradies für Kinder – im sogenannten BookHouse. Hinter einer Palme erstreckt sich eine riesige rote Sofalandschaft, auf der Kinder neben

Stofftieren wie dem Maulwurf aus der *Sendung mit der Maus* (ja, wirklich!) Platz nehmen können und ausdrücklich so viele Bücher lesen dürfen, wie sie möchten. In den umlaufenden Regalwänden, die aus dunklem Holz gefertigt sind, finden sich weitere Kuscheltiere, Spielzeuge und vor allem aber – natürlich – Bücher über Superhelden, Tierkinder oder die Feuerwehr. Kurz gesagt: Es bleiben keine Wünsche offen; selbst internationale Bestseller wie Raquel J. Palacios *Wunder*, eine anrührende Außenseitergeschichte, ist in der japanischen Übersetzung vorhanden.

Eine Wendeltreppe im vorderen Teil der Buchhandlung, die von Nachschlagewerken wie der *Encyclopedia Britannica* gesäumt wird, führt in das Obergeschoss hinauf, wo sich der Kitazawa Foreign Bookstore befindet – eine Fremdsprachen-Buchhandlung, die zugleich Antiquariat ist (Mitglied der Antiquarian Booksellers Association) und neben englischen Titeln auch deutsche Bücher führt. Zwischen einem Porträt von Shakespeare und gediegenen Kronleuchtern sowie schmuckvollen Vitrinen kann man hier außergewöhnliche und zum Teil sehr kuriose Entdeckungen machen: Neben einer Erstauflage von Charles Dickens' *The Cricket on the Hearth* werde ich auf einen Stapel Bücher aufmerksam, der mit einem Band verschnürt ist: *The Collection of books about Tobacco Smoking – Important Collection in 41 items* kostet stolze 450.000 Yen (knapp viertausend Euro) – verrückt!

... schon gelesen?

Empfehlenswertes japanischer Autoren:
Das Geheimnis der Eulerschen Formel, Yoko Ogawa (ausgezeichnet mit dem Großen Preis der Buchhändler Japans 2004)
Gefährliche Geliebte, Haruki Murakami
Lebensgeister, Banana Yoshimoto
Der Himmel ist blau, die Erde ist weiß, Hiromi Kawakami

Wo Buchhandlungen ganze Städte ausmachen und Schauplatz einer Fernsehserie sind

---

2. Kapitel

SÜD
KOREA

Der Itaewon Foreign Bookstore wird seit über 45 Jahren von Choi Ki-woong geleitet. Besucher finden in dem herzlichen Buchhändler nicht selten einen Verbündeten in Sachen Literatur.

Auf einer kleinen Insel im Gelben Meer, circa fünfzig Kilometer südwestlich von **Seoul**, liegt der Flughafen Incheon und vermittelt den Anschein, als wäre er gerade erst eröffnet worden. Unter dem kunstvoll gewölbten Glasdach, das ein Metallgerippe und futuristisch anmutende Pfeilerkonstruktionen tragen, erstrahlen weißer Marmor, noch mehr Glas und kleine, mit Palmen bewachsene Gärten im natürlichen Licht dieses Sommertages.

Während in den meisten Flughäfen ein reges bis hektisches Treiben herrscht, wirkt in der freundlich-hellen Atmosphäre Incheons und den weitläufigen Hallen alles ein My entspannter. Der großflächigen Beschilderung sei Dank finde ich mich hier – im Gegensatz zu Tokio – auf Anhieb zurecht und fahre mit der Rolltreppe ins Untergeschoss, wo ein Bahnhof liegt. Nach einem Kurzstudium der Aushänge entscheide ich mich wieder für die günstige und gleichzeitig gemächlichere Transportmöglichkeit und besteige kurz darauf den hiesigen All Stop Train (zugegeben: Auch ohne Studium der Aushänge hätte ich den Unterschied zwischen All Stop Train und Express schon allein aufgrund des Namens erahnen können).

Der Zug ist gut zur Hälfte gefüllt, wobei die Fahrgäste fast allesamt auf ihr Handy starren; lediglich eine Gruppe junger asiatischer Frauen am Ende des Abteils blickt auffallend häufig in meine Richtung, was von lebhaften Diskussionen und schüchtern wirkendem Gekicher begleitet wird. Ich lächle freundlich-unbestimmt zurück, bevor die sechs Damen an der Hongik Universität aussteigen und mir zum Abschied zuwinken. Ich gebe zu: Südkorea ist mir jetzt schon sympathisch.

An der Seoul Station angekommen, verlasse ich den Zug und bin nun doch kurzzeitig überfordert: Die Endstation besteht aus mehreren Ebenen und langgezogenen Tunneln, in denen ich den Überblick verliere. Ich brauche etwa eine Viertelstunde, bis ich einen Weg in Richtung Ausgang finde und den Bahnhof, der nach oben hin in einen

Glaskomplex übergeht, über eine mehrstöckige Rolltreppe hinter mir lassen kann.

Draußen erwischt mich die südkoreanische Hauptstadt mit voller Wucht: Ein dichter Smog-Schleier wabert um mich herum, gegenüber kann ich einige Gebäudekomplexe erkennen, die durch ihre opulente und glasverspiegelte Bauweise aus dem Einheitsgrau der übrigen – in die Jahre gekommenen – Hochhäuser herausragen. Gleichzeitig legt sich eine schwüle Hitze wie eine dicke Decke um mich und bringt mich gehörig ins Schwitzen. Während ich mir den Schweiß von der Sitrn wische, denke ich darüber nach, wie ich die gegenüberliegende Straßenseite erreichen soll, von der mich insgesamt 14 (!) Fahrbahnspuren trennen. Vor mir schwingt sich zwar eine ungefähr drei Meter hohe Brücke über die Straße, doch so sehr ich mich auch umsehe, nirgends entdecke ich eine Treppe oder Rampe, die mich hinaufbringen würde. Gerade als ich mich frage, ob wohl Google weiß, wie ich die Brücke zur Kooperation überreden kann, sehe ich am nördlichen Ende des Bahnhofvorplatzes plötzlich eine Frau im Boden verschwinden. Voller Hoffnung gehe ich hinüber und entdecke – tatsächlich – eine Unterführung.

Ich steige in den Untergrund hinab, wo eine ganze Parallelstadt zu existieren scheint: Vor mir öffnet sich nicht nur ein Tunnel, sondern ein ganzes Wegenetz, das von zahlreichen Kiosken und anderen Läden bevölkert wird. Im Gegensatz zur Betriebsamkeit, die auf der Straße herrscht, geht es hier unten betont entspannt zu – einige Südkoreaner sitzen sogar auf dem kühlen Betonboden, um Erholung vor der Hitze zu finden.

An den Relaxenden vorbei hieve ich meinen Koffer die Treppenstufen auf der anderen Straßenseite empor und lasse mich dann von meinem Handy in Richtung des Hostels navigieren, das auf einer Anhöhe im Westen der Stadt liegt. Nachdem ich mich dort einquartiert habe und frisch geduscht bin, wage ich noch einen abendlichen Ausflug in den Norden, wo das erste Buchhandelsziel auf mich wartet:

Kyobo Book Centre

 1 Jong-ro, Jongno-gu, Seoul

Am Gwanghwamun-Platz erfährt das Stadtbild Seouls eine merkliche Veränderung: Während die Hauptstraße sonst überall dicht bebaut ist, gibt es hier auffallend viele Freiflächen, die sporadisch von Bäumen und Sträuchern bewachsen sind. Hinter einer goldenen Statue von König Sejong schließt sich der prächtige Palast Gyeonbokgung an; am Horizont ragt eine beeindruckende Berglandschaft in den Himmel empor.

Etwas vorgelagert befindet sich auf der rechten Straßenseite ein mindestens 25-stöckiges Gebäude, bei dem auf eine Schicht Beton je eine Schicht Glas folgt und dessen Fassade von einer überdimensionalen Blütenabbildung geschmückt wird. Hier soll eine Buchhandlung beheimatet sein? Na, zumindest mein Navi ist davon überzeugt.

Also trete ich ein und finde mich statt zwischen Büchern in einem Bürogebäude wieder. Manche Zimmertüren stehen offen, ich kann emsige Mitarbeiter auf Tastauren einhämmern sehen. Ein Angestellter flitzt an mir vorbei den Flur entlang, ohne von mir Notiz zu nehmen. Unauffällig drehe ich mich um und schlüpfe durch die Eingangstür zurück ins Freie.

Dort wird mein suchender Blick von einer jungen Koreanerin eingefangen, deren breites Lächeln verrät, dass sie mich schon seit einigen Sekunden beobachtet. Als sie bemerkt, dass ich sie entdeckt habe, streicht sie sich ihren dunklen Pony mit einer gekonnten Handbewegung aus dem Gesicht.

»Kann ich dir helfen?«

»Ich hoffe«, entgegne ich. »Weißt du vielleicht, wo ich die Kyobo-Buchhandlung finde? Laut meinem Navi soll die hier irgendwo sein.«

Ihr Lächeln wächst zu einem Lachen, und sie erklärt mir, dass sich in dem Gebäude vor mir nur die Verwaltung befindet. Doch noch bevor sich das Gefühl der Enttäuschung in mir breitmachen kann, ergänzt sie

Bei Kyobo in Seoul gibt es einen sogenannten Gemeinschaftstisch, der gut zwanzig Meter misst. Hier wird gelesen und gemeinsam über Literatur diskutiert.

feixend: »Aber zur Buchhandlung ist es nicht weit. Ich zeig sie dir gern. Ach, übrigens, ich heiße Kim.«

»Torsten.«

Wieder lacht sie und hakt sich bei mir unter. Während wir seitlich am Gebäude die Straße hinabgehen, nutzt Kim die Zeit, um mich ein wenig auszufragen. Als ich ihr von meiner Buchhandelsweltreise berichte, bricht pure Begeisterung aus ihr heraus.

»Nein, einfach unglaublich! Wie viel Platz hast du noch in deinem Koffer? Er wird doch sicherlich ausreichend groß sein, um mich mitnehmen zu können?« Sie nestelt in ihrer weißen Stoffhandtasche herum und zieht schließlich ein Buch heraus, das sie mir derart triumphierend präsentiert, als würde spätestens das ihr die Mitreise als blinde Passagierin garantieren: eine englische Ausgabe von *Der Schatten des Windes* – ein Roman von Carlos Ruiz Zafón, in dem der Buchhändlersohn Daniel Sempere die Hauptrolle spielt und das vom Zauber der Bücher handelt.

»Ich liebe Buchhandlungen«, sagt Kim, und mit einem Kopfnicken deutet sie nach links, wo sich wie auf Kommando ein paar Büchertische befinden. Dahinter führt eine Betontreppe ins Souterrain des Gebäudekomplexes hinab. Links des Abgangs bietet eine Holztribüne vielen Koreanern einen gemütlichen Platz zum Lesen.

Ein grüner Kiwi – das Logo der Kyobo-Kette – prangt auf der unteren Ebene über einer Drehtür aus Glas, durch die Kim und ich die Buchhandlung betreten. Kim gewährt mir den Vortritt, was sich sofort als Fehlentscheidung erweist – zu unvermittelt bleibe ich im Eingangsbereich stehen und bestaune die sich eröffnende Kulisse, sodass Kim in mich hineinläuft.

»So etwas habe ich überhaupt noch nie gesehen«, stammele ich – und meine es genau *so*. Der Boden besteht aus hellem, auf Hochglanz poliertem Marmor, in dem sich eine Lampenkonstruktion spiegelt, die sich kaum beschreiben lässt. Metallene Stäbe ragen von der Decke hinab, am unteren Ende mit LEDs versehen. In ihrer Gesamtheit muten sie wie edle Stalaktiten an, die in Form eines riesigen Kronleuchters angeordnet sind. Beständig wechseln sie ihre Farbe, während der Marmorboden schnurgerade durch die Bücherwelten führt. Ein unglaubliches Bild.

Da sich vor dem Kyobo-Flaggschiff ein explizites Foto-Verbotsschild befindet, wenden wir uns zunächst an die Dame am Empfang, wobei Kim als Dolmetscherin fungiert. Schließlich werde ich telefonisch mit dem Marketing verbunden, reiche eine Visitenkarte ein und erhalte eine Foto-Akkreditierung für den folgenden Morgen.

Von einer gemeinsamen Rundtour hält uns diese Verzögerung jedoch freilich nicht ab, und so erfahre ich, dass in dieser Buchhandlung – der zweitgrößten Koreas – über zwei Millionen Bücher auf rund neuntausend Quadratmetern Fläche vorrätig sind. Die Kyobo-Kette existiert seit den Achtzigerjahren und verfügt inzwischen über zehn Filialen in insgesamt sieben Städten, womit man Marktführer in Südkorea ist.

Dass Kyobo nicht nur die größten, sondern vielleicht auch die schönsten Buchhandlungen betreibt, wird mir während unserer Erkundungstour bewusst: An die Marmorgänge grenzt dunkler, edler Parkettboden, auf dem quadratische Präsentationstische und Regale im identischen Holzton ausgestellt sind und eine schier unbegrenzte Auswahl an Büchern für jeden Geschmack bereithalten: koreanische Literatur, fremdsprachige Bücher, Manga, Fachbücher, Klassiker, spezielle Tipps der »Book Master« (besonders qualifizierte Buchhändler) ... Im sogenannten »Kids Garden« wartet ein großes, buntes Sortiment an Büchern und Spielwaren auf die kleinen Kunden. Darüber hinaus bietet Kyobo Schreibwaren, CDs, DVDs sowie Elektronikgeräte an und beheimatet ein Café, ein Restaurant sowie diverse Shop-in-Shops.

Im Zentrum der Buchhandlung wachsen aus den oberen Regalebenen Pflanzen heraus und bilden so vertikale Gartenflächen, was perfekt mit den allgegenwärtigen Holztönen harmoniert. Jedes einzelne Regal ist mit einem Code versehen, der aus einem Buchstaben und einer Zahl besteht und den Kyobo-Kunden hilft, auch bei über zwei Millionen Titeln das persönliche Wunschbuch zu finden: Wenn man in den Selbstbedienungs-Terminals nach einem Buch sucht, wird mittels des Codes direkt ausgewiesen, wo es sich befindet. Ein toller Service!

Als wir nach knapp zwei Stunden dem Ausgang entgegenschlendern, fällt mein Blick auf einen ungefähr zwanzig Meter langen Tisch vor der Fach- und Sachbuchabteilung, der ringsherum mit Lehnstühlen lockt, die ein geselliges Beisammensein der Gäste fördern. Soweit mein Auge reicht, bleibt keine Sitzgelegenheit ungenutzt; während einige Kunden angeregt miteinander plaudern, sind andere in ihre Lektüre vertieft; eine ältere Dame strickt beim Lesen sogar.

Als wir die Buchhandlung verlassen, ist es inzwischen stockdunkel. Zum Abschied verrät mir Kim, was der koreanische Schriftzug bedeutet, der sich unter dem Logo auf der Fassade befindet: »Menschen machen Bücher und Bücher machen Menschen.«

Wir schauen uns kurz an, bevor sie mich drückt und sagt: »Schön, dass wir Büchermenschen uns hier getroffen haben. Und falls du doch noch Platz im Gepäck haben solltest, schreib mir bitte.« Damit verabschieden wir uns voneinander – und ich mich von diesem Tag.

Nachdem ich am nächsten Vormittag – wie vereinbart – noch einmal das Kyobo Book Center besucht habe, um Fotos von der Buchhandlung zu machen, gehe ich anschließend die Hauptstraße zurück, um mit der U-Bahn stadtauswärts zu fahren. Als ich die Seoul Plaza passiere, mache ich eine grandiose Zufallsentdeckung: Vor dem Deoksugung-Palast, einem der fünf Paläste der Joseon-Dynastie, findet in diesem Moment die zeremonielle Wachablösung statt. Vor den Toren des Palastareals, das mit seinen Gärten und der traditionellen Architektur einen krassen Gegensatz zu den angrenzenden Hochhäusern der Millionenstadt bildet, schlagen die Wachen zu koreanischer Musik auf eine Trommel und einen Gong und rufen dabei verschiedene Befehle aus. Ich bewundere die perfekte Choreografie und die bunten Uniformen für einige Minuten, bevor ich in den Westen hinausfahre. An der Hapjeong Station steige ich in den Bus um, der mich zu meinem nächsten Buchhandelsziel bringen soll.

Leider schaffen wir zunächst nur die Hälfte der Strecke, da der Bus auf der Schnellstraße mit einem PKW kollidiert und die Front unseres Fahrzeugs erschreckend stark in Mitleidenschaft gezogen wird. Mit einem Ersatzbus erreiche ich nach rund zwei Stunden dennoch mein anvisiertes Tagesziel:

Paju Book City

(✈) Gyoha, Paju, Gyeonggi-do

Rund dreißig Kilometer nordwestlich von Seoul findet sich die südkoreanische Stadt der Bücher, die auf den ersten Blick – zugegebenermaßen – wenig spektakulär anmutet und glatt mit einem Gewerbegebiet verwechselt werden könnte. Tatsächlich handelt es sich dabei jedoch um eine künstlich angelegte Stadt nach dem Vorbild der international bekannten Bücherdörfer, die 1961 im walisischen Hay-on-Wye – auf Initiative des Buchhändlers Richard Booth – entstanden sind.

Paju Book City zählt zu der internationalen Gemeinschaft an Bücherdörfern und versammelt rund 250 Literaturorte auf kleinstem Raum mit Regalwänden von bis zu zehn Metern Höhe.

Auf rund einem Quadratkilometer Fläche haben sich hier in den letzten zwanzig Jahren über 250 Buchhandlungen, Verlage, Buchcafés, Druckereien und Bibliotheken angesiedelt, die über zehntausend Personen einen Arbeitsplatz bieten und sich zu einem Touristenmagnet der gesamten Region entwickelt haben. Seit 2011 wird hier das Paju Booksori Literaturfestival ausgerichtet, das größte seiner Art Asiens, bei dem bekannte Autoren zu Gast sind und lesebegeisterte Kinder auf dem Gelände zelten dürfen.

Und genau dieses Gelände, auf dem man sich problemlos eine Woche lang aufhalten könnte, um es in aller Ausführlichkeit kennenzulernen, erkunde ich nun im Schnelldurchlauf: Ich lerne mobile Büchermärkte in Form von Bussen kennen, die Paju City an bestimmten Tagen ansteuern und vor einem Buchatelier Halt machen, um ihre Titel am Straßenrand anzubieten. Auch entdecke ich märchenhafte Orte wie eine

Buchhandlung inmitten eines Gartens, durch den eine Dampflok fährt, platze in einen Druckerei-Workshop, bei dem es um Pressen und bewegliche Lettern geht, und lande schließlich in einem der vielen bibliophilen Cafés, die kulinarische Köstlichkeiten mit guten Büchern kombinieren. Zu den bekanntesten und beliebtesten zählt das **Café Hesse**, benannt nach Hermann Hesse, das sich im dritten Stockwerk des Pinocchio-Museums befindet.

Mein persönliches Highlight begegnet mir jedoch erst am Ende des Tages, als ich das zentral gelegene **Book House** betrete, einer Mischung aus Bibliothek und Buchhandlung. Zwischen zehn Meter hohen Regalwänden, die Bücher bis unter die Decke führen und die weitläufigen Räume miteinander verbinden, entdecke ich einen ganz kleinen Raum, der neben Kinderbüchern und Romanen besondere Fotobände beheimatet. Im Hintergrund dieser Abteilung schmückt ein großformatiges Poster die Wand; es zeigt den Boekhandel Dominicanen in Maastricht, eine Buchhandlung nur knapp zwanzig Kilometer von meinem letzten Wohnort (Aachen) entfernt.

»So nah und doch so fern«, denke ich, bevor ich mich an den von Kim übersetzten Kyobo-Slogan erinnere:»Menschen machen Bücher« –»... und Buchhandlungen verbinden Welten«, möchte ich in diesem Moment ergänzen.

Weitere besuchte Buchhandlungen Südkoreas im Kurzporträt:

7321store

 529–1 Munbal-ri, Gyoha-eup, Paju

Von allen 250 Geschäften Pajus möchte ich den 7321store herausheben, weil er ein kreatives Unikat ist – nicht nur innerhalb der Bücherstadt, sondern ganz grundsätzlich: Vor dem Haus, das wie aus Streichhölzern gebaut aussieht, empfängt eine filigran ausgearbeitete Skulptur des kleinen Prinzen die Gäste. Über ein Treppenhaus, in dem man Kunstwerke aus Pappmaschee bewundern kann, gelangt man in das Ladengeschäft, das wie eine bibliophile Version eines stationären DaWanda-Shops wirkt:

In einem einzelnen Raum, dessen Wände mit unzähligen Instagram-Fotos im Stile von Spielkarten beklebt sind, finden sich große und kleine Geschenkideen – vor allem für sich selbst: handgefertigte Notizbücher, Taschen, Bilder, Skulpturen, Schmuck, Kleidung, Poster, Pins – oftmals an Märchen und Geschichten angelehnt.

Itaewon Foreign Bookstore

 533 Itaewon-2-dong, Yongsan-gu, Seoul

Als älteste Fremdsprachen-Buchhandlung der südkoreanischen Hauptstadt gilt der Itaewon Foreign Bookstore als bibliophile Institution, die einen mitunter sogar fürs Leben prägt: Während meines Besuchs treffe ich auf einen Amerikaner, der in der Vergangenheit fünf Jahre in Seoul gelebt hat und nun – bei einem Besuch in der Hauptstadt – natürlich nicht umhinkommt, seiner Lieblingsbuchhandlung einen Besuch abzustatten.

»Ich musste einfach herkommen«, gesteht er mir. »Itaewon war quasi mein zweites Wohnzimmer.«

Vor 45 Jahren eröffnet, ist die Buchhandlung im Süden der Stadt ansässig, nur unweit des Yongsan Parks gelegen, und wird damals wie heute von Choi Ki-woong geführt, der jedem seiner Besucher mit herzlicher Neugierde begegnet und nicht nur gern Geschichten erzählt, sondern sie noch lieber verkauft.

Die Fassade der Buchhandlung leuchtet in einem kräftigen Mintton, und bereits auf der Terrasse liegen allerhand Bücher zum Stöbern aus, von Kriegsreportagen bis hin zu Liebesgeschichten – nicht nur auf Englisch, sondern unter Umständen auch auf Deutsch und Französisch.

Da das Sortiment keinen ausgemachten Schwerpunkt hat, weiß man nie, was einen hier erwartet – relativ zuverlässig scheint nur, dass jeder

Besuch bei Choi Ki-woong sehr angenehm ausfällt und man die Buchhandlung nicht ohne Bücher verlässt. Und nicht ohne Freundschaft mit dem sympathischen Koreaner geschlossen zu haben, der mit seinen eigenen Geschichten eine zweite Buchhandlung füllen könnte ...

Die Tochter der Inhaberin des 7321store in Paju Book City ist offiziell lizensierte Künstlerin der Kultfigur von Antoine de Saint-Exupéry.

... schon gelesen?

Empfehlenswertes südkoreanischer Autoren:
Die Vegetarierin, Han Kang
Als Mutter verschwand, Kyung-Sook Shin
Anatomie einer Nacht, Anna Kim (1977 in Seoul geboren, 1979 nach Deutschland emigriert)
Das Huhn, das vom Fliegen träumte, Sun-mi Hwang

Überraschend anders: von Buchhandlungen, Polizisten und Taifunen

3. Kapitel

CHINA

Der Treppenaufgang zu The Bookworm ist den Bucheinbänden von internationalen Klassikern nachempfunden.

Am Morgen des 24. Juli sitze ich im Flugzeug von Seoul in Richtung **Peking** und bin mir nicht sicher, was genau mich in China erwarten wird. Um ganz ehrlich zu sein, habe ich vor diesem Kapitel meiner Reise den größten Respekt – allein die Visa-Anforderungen ließen erahnen, mit welchen Restriktionen innerhalb der Volksrepublik zu rechnen ist. So hatte ich zum Beispiel für jeden Tag meiner knapp zweiwöchigen Rundreise eine gebuchte Unterkunft mit Adressdaten und Kontaktinformationen benennen müssen, wodurch spontane Planänderungen beinahe ausgeschlossen sind.

Als das Bordmenü serviert wird und ich eher zaghaft in meinem Essen herumstochere, holt mich mein Sitznachbar aus meinen Gedanken. »Das ist Kimchi, so etwas wie das südkoreanische Nationalgericht«, erklärt er mit Blick auf das gegorene Gemüse mit Reis. Er reicht mir die Hand. »Ich heiße Faizan.« Er stammt aus Pakistan, erklärt er, und als er mir nun ein breites Lächeln schenkt, leuchten mir aus seinem dunklen, sonnengebräunten Gesicht die wahrscheinlich weißesten Zähne der Welt entgegen. Nach ein wenig Plauderei kommen wir auf unsere Reisepläne zu sprechen. Während Faizan über China ausgerechnet zu einem Verwandten nach Münster (!) reisen möchte und sich bei mir gleich ein paar Tipps für die Region holt, ist er von meinen Plänen mindestens genauso überrascht.

»Was für ein schöne Idee«, sagt er, »eine Weltreise durch Buchhandlungen! Wenn du Zeit hast, solltest du unbedingt auch nach Pakistan. In ein paar Wochen eröffnet in Islamabad ein *Harry Potter*-Café.«

»Wie sehr Bücher doch verbinden«, denke ich und verspreche Faizan, dass ich seinen Hinweis im Hinterkopf behalten werde. »Vielleicht für die nächste Reise«, ergänze ich und sehe sogleich wieder die weißen Zahnreihen aufblitzen.

Nachdem mein China-Visum am Flughafen von Peking überprüft und genehmigt wurde, nehme ich mein Gepäck in Empfang und schalte das Handy ein. Zu meiner Enttäuschung muss ich feststellen, dass beide VPN (Virtual Private Network)-Apps nicht funktionieren. Ich habe sie vor

... schon gewusst?
Das Hogwarts Café

Chaudhary Plaza, 0–9, Police Foundation, Islamabad
Was Faizan im Flugzeug ankündigte, wurde am 10. August 2016 wahr: Das Hogwarts Café öffnete in Islamabad erstmals seine Türen. Der Inhaber berichtete mir über Facebook, dass das Café vom ersten Tag an so erfolgreich war, dass sie schon über eine Expansion nachdachten.

Der Eingangsbereich erinnert an das Gleis 9 ¾, im Hauptraum verzieren Zitate aus den *Harry Potter*-Büchern die Wände. Unter schwebenden Besen der Nimbus-Reihe können Fans es sich bei einem Butterbier und einem Stück Imperius-Kuchen (garantiert nicht verflucht!) gutgehen lassen. Und Gäste, die ihren Geburtstag im Café feiern, erhalten einen Hogwarts-Zulassungsbescheid.

ein paar Tagen installiert, um auch in China uneingeschränkt das Internet nutzen zu können. Dass sie mich nun im Stich lassen, bedeutet: keine Google-Dienste (inklusive Maps), kein GPS, kein Facebook, kein WhatsApp ... Mit einem Mal ist die große Welt des Internets und die damit verbundenen Informationsmöglichkeiten zu einem kleinen Dorf geschrumpft, in dem nichts so ist, wie es sein sollte. Lediglich eine mir bekannte Suchmaschine lässt sich noch öffnen, und deren Suchergebnisse scheinen mir arg ausgedünnt zu sein.

Als ich schon in Panik geraten will, ereilt mich der zündende Gedanke: Was ich bislang als umständliche Formalität empfand, wird nun zu meiner Rettung – der Visa-Antrag. Als Beleg für die Unterkünfte habe ich mir einen Ordner mit den Buchungsbestätigungen der Hostels angefertigt, zu denen jeweils auch ein Ausdruck der entsprechenden Umgebungskarte gehört. Für den Moment bin ich also nicht gänzlich aufgeschmissen – ich hocke mich auf den Boden, öffne meinen Koffer und krame die Unterlagen heraus (was mir erheiterte Blicke der Passanten einbringt).

Mit einer altmodisch ausgedruckten »Map« in der Hand stapfe ich schließlich erleichtert drauflos. Ich durchquere das Flughafenterminal, an das sich eine längliche Halle anschließt, die von einem konvexen Gitterdach überspannt wird, das der Leipziger Glashalle frappierend ähnlichsieht. Diese Halle dient als Bahnhof und beheimatet den Airport Express, mit dem ich ins Zentrum bis zur Endstation Dongzhimen fahre. Hier erhalte ich Anschluss an das Metronetz der chinesischen Hauptstadt, das sehr streng kontrolliert wird: An den Eingängen werden nicht nur sämtliche Gepäckstücke der Reisenden geröntgt, sondern auch alle Getränkebehälter eingehend inspiziert, was die Fahrgäste mit stoischer Ruhe über sich ergehen lassen und die Kontrolleure in Windeseile erledigen. In Sachen Effizienz macht den Chinesen niemand etwas vor!

Zu meinem großen Glück weisen die Fahrkartenautomaten auch die englischen Stationsnamen der Metro aus, sodass ich ein Ticket nach Dongdan lösen kann. Die Ausgänge sind nach den Himmelsrichtungen benannt, was mir hilft, mich auch ohne GPS zu orientieren. Als ich die Station verlasse, schlägt mir schwüle Sommerhitze entgegen, die ich von Japan und Korea vielleicht gewöhnt sein sollte, die mir aber immer wieder den Atem verschlägt. Während ich mir Luft zufächle und nach Atem ringe, betrachte ich die sandbraunen Fassaden der angrenzenden Hochhäuser.

Nach einer kurzen Verschnaufpause im Hostel mache ich mich noch einmal auf, um meine erste chinesische Buchhandlung kennenzulernen:

The Bookworm Beijing

⊕ Building 4, Nan Sanlitun Road, Chao Yang District, Peking

Tatsächlich stellt sich das Auffinden dieser Buchhandlung als größte Herausforderung an diesem Tag dar: Mit der Metro fahre ich in den Osten der Stadt, bis zur Station Tuanjiehu, wo ich im abendlichen Nieselregen zunächst feststellen muss, dass die kleineren Straßen hier nicht beschildert sind. Also spreche ich diverse Getränkehändler und Zeitungsverkäufer auf der Straße an, die sich jedoch weder auf Englisch verständigen noch die lateinische Schrift meiner Unterlagen lesen können. Müde, verschwitzt und allmählich etwas genervt überlege ich schon, ob ich die Suche für heute nicht aufgeben und stattdessen lieber zurück ins Hostel und zu meiner Dusche fahren soll, als ich schließlich doch noch einem Passanten begegne, der Englisch spricht und mich in den Hinterhof eines Hotels schickt. Darauf muss man erst mal kommen!

Im Schatten eines großen Bankenturms, dessen Fassade aus blinkenden LEDs besteht, die verschiedene Muster bilden, finden sich hier kleine Restaurants und Bars, die wohl nur Ortsansässigen bekannt sind. Dazwischen, direkt an einen Parkplatz angrenzend, steht ein großes Betonpodest, auf dem ein gläserner, rot ausgeleuchteter Pavillon thront. Es ist die Buchhandlung, zu der eine Treppe emporführt, deren Stufen jeweils einem Buch der Weltliteratur nachempfunden sind: So steige ich von *Fahrenheit 451* von Ray Bradbury auf *1984* von George Orwell und auf Günter Grass' *Die Blechtrommel* folgt *Snow Country* des japanischen Literaturnobelpreisträgers Kawabata Yasunari.

Als ich The Bookworm betrete, bin ich augenblicklich von der außergewöhnlichen Atmosphäre gefangen: Das Giebeldach des Pavillons ist mit einem roten edlen Stoff ausstaffiert, der an ein Theater erinnert; darunter hängen vierzig bis fünfzig chinesische Lampions von der Decke, die wie Glühwürmchen in der Luft schweben und das gesamte Gebäude in einem warmen, einladenden Ton ausleuchten. Der Raum selbst ist dabei zur Hälfte Bar, zur Hälfte Buchhandlung, sodass man an den aufgestellten Tischen sowohl trinken als auch lesen kann.

An diesen Hauptraum grenzen zwei weitere Räume an, von denen der eine dem angeschlossenen Restaurant zugehört. Polsterbespannte Sitze und viele kleine Tische, die von prall gefüllten Bücherregalen eingerahmt werden, laden zum Verweilen ein. Der zweite Raum entspricht am ehesten einer klassischen Buchhandlung: In seinen Regalen finden sich viele englischsprachige Titel, aber auch Kochbücher und Reiseführer, und ich erstehe einen Stadtplan von Peking.

Wie ich von einer Buchhändlerin erfahre, ist The Bookworm jedoch noch weitaus mehr, als es auf den ersten Blick scheint: Die Buchhandlung, die täglich von neun Uhr morgens bis um Mitternacht geöffnet hat, leiht bestimmte Bücher aus und ist außerdem Verlag und Großveranstalter. So feierte das Bookworm Literary Festival im Frühjahr 2016 seinen zehnjährigen Geburtstag, an dem Autoren aus aller Welt teilnahmen;

mit Kabu Okai-Davies war sogar ein ghanaischer Australier zu Gast, der Kurzgeschichten und Lyrik vortrug.

Auch nach Europa gibt es im Bookworm eine Verbindung: Unter dem Motto »Flash Europe« hat man mit der EU eine Übereinkunft getroffen, nach der aus sämtlichen Mitgliedsstaaten ausgewählte Literatur übersetzt und nach China exportiert wird, um sie dortzulande bekannter zu machen.

Immer noch angetan von der besonderen Wohlfühlatmosphäre, die dieser Buchhandlung innewohnt, bestelle ich mir schließlich einen Kokosnuss-Salat mit Pesto und setze mich an einen der Tische im »Wohnzimmer« (Raum zwei). Im vorderen Teil der Buchhandlung traut sich gerade ein Gast an das Klavier und gibt einige Sequenzen zum Besten. Während ich den Tönen lausche, studiere ich den Veranstaltungskalender der Buchhandlung und staune über das vielfältige Programm – es gibt scheinbar nichts, was man hier nicht veranstaltet: Vom klassischen »Book Talk« über eine »Bookworm Comedy Night« wird interessierten Gästen wahrlich alles geboten, und Quiz-Abende finden ebenso regelmäßig statt wie die Treffen des »SciFi Book Club«.

Was für ein wunderbarer, lehrreicher Abend!

Übrigens: Inzwischen gibt es The Bookworm auch in Chengdu und Suzhou.

Der nächste Morgen beginnt mit einer großen Überraschung: Eine der beiden VPN-Apps tut plötzlich ihren Dienst, und ich nutze die Gunst der Stunde, um mich bei strahlendem Sonnenschein in den Garten des Hostels zu setzen und den AppStore anzusteuern. Ich lade zwei weitere VPN-Programme herunter, um künftig die Chancen auf eine erfolgreiche Einwahl zu erhöhen.

Und tatsächlich: Die Verbindung hält. Nachdem ich zunächst der Verbotenen Stadt, dem chinesischen Kaiserpalast, der seit 1987 zum UNESCO-Kulturerbe gehört, einen Besuch abgestattet habe und mich dabei selbst wie eine Attraktion fühle (insgesamt vier chinesische Schulklassen bitten mich um ein gemeinsames Selfie, obwohl Peking nicht gerade arm an Touristen ist), fahre ich in den Osten der Hauptstadt hinaus. Dort erwartet mich mein nächstes Buchhandelsziel, das ich ohne Navigationshilfe höchstwahrscheinlich niemals gefunden hätte:

Poplar Kid's Republic

⊕ Building 13, Jianwai Soho, 1362, 39 Dongsanhuan Zhonglu, Chaoyang district, Peking

Leider scheinen sich chinesische Adressangaben nicht immer problemlos oder fehlerfrei übersetzen zu lassen, was im Falle dieser Buchhandlung dazu führt, dass sie im Google-Kosmos gleich zweifach falsch verortet wird …

Die gute Nachricht: Die entsprechenden Koordinaten liegen zumindest in der Nähe der tatsächlichen Adresse. Nachdem mich Navigationsversuch Nummer zwei bis an den Tonghui-Fluss hinabführte, weist mich eine junge Chinesin auf ein sehr weitläufiges Areal hin, das an die parallel zum Flussufer verlaufende Hauptstraße angrenzt und von hohen weißen Türmen gesäumt wird, die wie XXL-Legosteine aus der Landschaft ragen.

Es ist das Jianwai SOHO im Chaoyang-Viertel, das aus ein paar Villen und zwanzig Hochhäusern besteht, in denen diverse Restaurants und Cafés ebenso betrieben werden wie Verwaltungen, Arztpraxen und Co.

Im Hochhaus Nummer 13 befindet sich eine Buchhandlung – nicht irgendeine, sondern Poplar Kid's Republic, Chinas erste Bilderbuchhandlung, die 2005 eröffnete. Würde man Kindern die Möglichkeit geben, eine Buchhandlung ganz nach ihren Wünschen zu erschaffen, sähe sie genau *so* aus: Über einen breit angelegten Hof aus Granitplatten gelangt man durch eine Glastür zunächst in eine Art Foyer mit weißem Boden,

weißen Wänden und weißer Decke. Sowohl in die rechte Wand als auch in den Boden, der nach wenigen Metern in eine Treppe in Richtung Obergeschoss übergeht, ist jeweils ein länglicher Stoffstreifen in Regenbogenfarben eingearbeitet, der in die erste Etage geleitet. Dort erwartet junge Leser ein wahres Paradies: In dem gut 150 Quadratmeter großen Raum finden sich ringsum Bücherregale, in die auf verschiedenen Höhen zahlreiche Tunnelröhren integriert sind, die als Leseplätze und Rückzugsort für ungestörtes Schmökern dienen. In der Mitte stehen ein paar Tische mit weiteren Büchern, und ein großes Thekenrondell windet sich spiralförmig zwischen den Regalen entlang.

Poplar Kid's Republic ist Chinas erste Bilderbuchhandlung, die auf 150 Quadratmetern nicht nur unzählige Bücher bereithält, sondern auch Leseplätze in die Möbel integriert.

Die farbliche Gestaltung von unten setzt sich hier oben fort: Der weiße Raum ist mit einem regenbogenbunten Teppich ausgelegt, während die Regaltunnel an ihren Innenseiten in den entsprechenden Farben lackiert sind.

Lien, eine der Buchhändlerinnen, kann gar nicht glauben, dass ich aus Deutschland angereist bin, um Poplar Kid's Republic zu besuchen. Von ihr erfahre ich, dass Poplar vor 65 Jahren ursprünglich als Verlag für Kinderbücher startete –»Die eigene Buchhandlung war dann wohl irgendwann folgerichtig«, fügt Lien lächelnd hinzu.

Der Mittelteil der Buchhandlung, die insgesamt rund dreitausend Bilderbücher bereithält, wird alle zwei Wochen komplett umdekoriert. Diverse Veranstaltungen wie die »Free Storytelling Hour« am Wochenende oder gemeinsame Mal- und Bastelstunden locken die kleinen Kunden zusätzlich herein.

Als ich Lien nach den beliebtesten Titeln frage, gerät sie geradezu ins Schwärmen: »Neben unseren eigenen Büchern sind das vor allem internationale Kinderbuchklassiker, was uns wirklich sehr freut«, meint sie. »*Die kleine Raupe Nimmersatt* zum Beispiel oder *Der Regenbogenfisch.*«

»Natürlich«, denke ich, »*Der Regenbogenfisch* – ein Buch, das für diese wunderbare Buchhandlung geradezu wie gemacht scheint.«

Weitere besuchte Buchhandlungen Pekings im Kurzporträt:

Wangfujing Xinhua Bookstore

 218 Wangfujing Dajie, Dongcheng District, Peking

Der Wangfujing Xinhua Bookstore liegt unweit meines Hostels und beeindruckt vor allem durch seine Größe. Tatsächlich zählt er zu den drei größten des Landes – und diesen Eindruck bestätigt der spiegelverglaste Koloss nicht nur von außen, wenn man ihn von der edlen Wangfujing-Einkaufsstraße aus betrachtet, sondern vor allem dann, wenn man ihn betritt.

Auf insgesamt acht Etagen hält die Buchhandlung so ziemlich alles bereit, was das Bücherherz begehrt – darüber hinaus finden hier auch Spielwaren, DVDs, CDs und Zeitschriften einen Platz. Neben der Fremdsprachenabteilung im dritten Obergeschoss kommen Touristen im benachbarten Foreign Language Bookstore auf ihre Kosten, der ebenfalls zur Xinhua-Kette gehört. Insgesamt betreibt Xinhua über 14.000 (!) Buchhandlungen in China und ist damit das größte Buchhandelsunternehmen des Landes.

Fun-Fact: In dieser Buchhandlung gibt es sehr wenige Sitzmöglichkeiten, woraus die Kunden eine Tugend machen: In beinahe jedem Gang trifft man einen auf dem Boden sitzenden Leser.

Yan Ji You Bookstore

 35 Haidian Tushucheng W Ave, Zhongguancun, Peking

Yan Ji You ist mir spontan ans Herz gewachsen – eine Verbindung, die im späteren Verlauf meiner Reise noch eine Fortsetzung finden soll (siehe **Yan Ji You** in Chengdu). Das Unternehmen ist die kleinste, jüngste und vielleicht auch sympathischste Buchhandelskette Chinas, da jede Buchhandlung nicht nur ein Wohlfühlort, sondern zugleich ein echtes Unikat ist.

Wenn man das Geschäft am nordwestlichen Stadtrand Pekings betritt, trifft man zunächst einmal auf ein für einen Laden durchaus ungewöhnliches Möbel: Ein Bücher-Tauschregal, in dem Mary Higgins Clark direkt neben Jodi Picoult steht. Dahinter schließt sich eine Tischreihe mit ausreichend Sitzmöglichkeiten des hauseigenen Cafés an, das überwiegend von jungen Chinesen besucht wird; die Wände sind hier mit aufgeklappten Büchern geschmückt.

Eine Wendeltreppe, deren Außengeländer von einem Bücherregal gebildet wird, führt in das Obergeschoss hinauf, wo eine 18 Meter lange Bücherwand sowohl chinesische als auch englischsprachige Romane

In die Yan-Ji-You-Buchhandlung Pekings ist ein gemütliches Café integriert, das im Eingangsbereich sogar über ein Buchtauschregal verfügt.

bereithält. Davor laden weitere Tische und Stühle dazu ein, sich bei einem Kaffee oder Tee in einem Buch zu verlieren.

Die hellen Holztöne, die allenthalben dominieren, werden im Bereich der Regale mit – für Yan Ji You typischen gelben – Farbakzenten kombiniert.

Als ich am 27. Juli in aller Frühe das Flugzeug von Peking nach **Chengdu** besteige, dauert es keine zehn Minuten, bis ich eingeschlafen bin. Am Vorabend war im Hostel ein neuer Zimmergenosse hinzugekommen, mit dem ich mich auf Anhieb prächtig verstand: Sun, ebenfalls Mitte dreißig, gebürtig aus Peking, lebt inzwischen jedoch in London, wo er an einer Schule Chinesisch unterrichtet. Ein paar Stunden zuvor in der chinesischen Hauptstadt gelandet, um seine Familie zu besuchen, quartierte er sich zunächst für einen Tag im Hostel ein, wo er sich an die Heimat gewöhnen wollte: an die Zeitverschiebung, den allgemeinen Geräuschpegel, der einen hier im Alltag begleitet, und nicht zuletzt an die drückende Hitze, die einem als Wahlbrite im Laufe der Zeit fremd wird … Das war zumindest der Plan. In der Praxis sah es jedoch so aus, dass wir auf einem benachbarten Court Basketball spielten und anschließend über Gott und die Welt plauderten.

Als wir darauf zu sprechen kamen, dass es für mich als Nächstes nach Chengdu gehen würde, wurden Suns Augen merklich größer.

»Oh, Chengdu ist eine außergewöhnliche Stadt«, sagte er. »So viel Historie! Allerdings wächst die Stadt unaufhörlich und muss aufpassen, dass sie ihren Charakter nicht verliert.«

Anscheinend stand mir ob dieser Aussage die Skepsis ins Gesicht geschrieben, denn Sun relativierte sich sogleich: »Keine Sorge: Es gibt immer noch viele Tempel zu bewundern – und die Panda-Aufzuchtstation ist weltweit bekannt. Nur vor den jungen Frauen musst du dich in Acht nehmen: Sie sind dort alles andere als schüchtern.«

Wir lachten beide, bevor Sun mir zum Abschied seine Reiselektüre schenkte: Eine englischsprachige Ausgabe von Bill Brysons *Frühstück mit Kängurus* – ein humorvoller Streifzug durch Australien, der mich durch die Nacht begleiten sollte.

Da die Metro in Peking erst um kurz vor sechs Uhr ihren Dienst aufnimmt, mein Weiterflug jedoch schon um kurz nach sieben Uhr ging, hatte ich mich dazu entschlossen, die Nacht im Flughafen zu verbringen – und war mit dieser Idee längst nicht allein: Rund vierzig Reisende leisteten mir Gesellschaft; inmitten des Abflugterminals bildeten wir gemeinsam eine Insel des Wartens (auch deshalb, weil die Preise der angrenzenden Hotels für chinesische Verhältnisse astronomisch hoch sind).

Nach rund drei Stunden landen wir in Chengdu, und ich habe zumindest einen Teil des verlorengegangenen Schlafes nachholen können. Noch etwas schlaftrunken trotte ich mit meinem Gepäck aus dem Flughafenterminal hinaus und nehme einen Bus in Richtung Innenstadt, die rund zwanzig Kilometer nordöstlich gelegen ist. Während der Fahrt bekomme ich einen ungefähren Eindruck davon, was Sun in unserem Gespräch am letzten Abend meinte: Chengdu, mit rund 15 Millionen Einwohnern die Hauptstadt der Provinz Sichuan und damit fast doppelt so groß wie New York, scheint sich in einem gewaltigen Umbruch zu befinden. Wohin ich auch blicke, entdecke ich Rohbauten zwischen den bestehenden Gebäuden, von denen keines älter als zwanzig Jahre zu sein scheint. Die Schnellstraßen sind teilweise mehrstöckig angelegt, und je näher wir dem Zentrum kommen, desto weiter ragen die Häuser in den Himmel. Dabei dominieren vor allem spiegelverglaste Hochhauskomplexe, und nur selten erinnert die Architektur eines Gebäudes an traditionelle chinesische Baukunst.

Im inneren Stadtkern angelangt, checke ich in meinem Hostel ein und lege mich für zwei Stunden ins Bett, während draußen die Nachmittagssonne auf den Asphalt brennt. Frisch ausgeruht und mein Schlafdefizit nun endgültig ausgeglichen, mache ich mich später mit der Metro auf den Weg nach Osten, wo mein nächstes Buchhandelsziel auf mich wartet:

Fang Suo Commune

Taikoo Li, 8 Middle Shamao Street, Jinjiang District, Chengdu

Über die Station Jinjiang gelange ich in eines der Haupteinkaufszentren Chengdus, das westliches Design mit asiatischer Tradition zu verknüpfen versucht. Zwischen hohen Bankentürmen und übergroßen Geschäftshäusern, deren Fassaden mit LED-Leinwänden ausgestattet sind, auf denen bunte Werbespots in Endlosschleife laufen, breitet sich ein weitläufiger Platz aus. Darauf reihen sich kleine Büdchen mit geschwungenen Dachsparren aneinander, die zwischen den omnipräsenten Logos und Dependancen westlicher Marken und Unternehmen für ein wenig chinesisches Flair sorgen.

Über eine Reihe von Glas-Flügeltüren, die von freundlich-uniformierten Mitarbeitern für jeden Gast einzeln aufgehalten werden,

gelangt man in die Taikoo Li, eine gigantische Shopping Mall, die aus insgesamt 19 Gebäuden besteht und zum Teil unterirdisch verläuft.

In Asien nicht unüblich: In Buchhandlungen soll man sich wohlfühlen. Deshalb kommt es häufig vor, dass man auf Leser trifft, die es sich gemütlich gemacht haben.

Ich fahre mit einer Rolltreppe in das Untergeschoss hinab, wo ich nach wenigen Minuten fündig werde: Hinter mehreren Bekleidungsgeschäften, Cafés und Schmuckboutiquen geht von der Hauptpassage links eine kleine Abzweigung ab, in der sich die Buchhandlung befindet.

Vier schwarze Säulen bilden einen offenen Durchgang und führen in die Fang Suo Commune, die im Eingangsbereich dadurch überrascht, dass sie keine Bücher bereithält. Stattdessen stößt man dort auf Taschen, Kleidung und modische Accessoires; zudem werden Taschenkalender und Notizbüchlein angeboten.

Erst dahinter beginnt die eigentliche Buchhandlung, die dafür umso imposanter daherkommt: In dem offen gestalteten Raum, der ein wenig an eine übergroße, zum edlen Loft umfunktionierte Bergbaugrube erinnert, fächern sich zu beiden Längsseiten je drei Regalreihen auf. Im Mittelteil wechseln sich zahlreiche Holztische, die eine schier unerschöpfliche Auswahl an Büchern bereithalten, und massive Säulen aus beigefarbenem Beton ab, die in die gut zwanzig Meter hohe Decke übergehen. Dort sind Halogenspots angebracht, die jeden Teil der Buchhandlung zuverlässig ausleuchten – und je länger ich dieses Gesamtbild betrachte, desto mehr scheint es mir, als wäre ich hier auf eine verborgene Schatzkammer unterhalb der chinesischen Millionenstadt gestoßen.

Für eine Weile beobachte ich, wie sich die Besucher elegant zwischen den Tisch- und Regalenreihen umherbewegen und dabei immer größer werdende Bücherstapel mit sich herumtragen. Auffällig: Ähnlich wie bei Yan Ji You in Peking gibt es hier keine ausgewiesenen Sitzecken, sodass sich viele Kunden schlichtweg in die Gänge oder auf Treppenstufen setzen, um ausgewählte Bücher zumindest einmal anzulesen.

Langsam gehe ich nun selbst auf Erkundungstour durch das Sortiment und stoße in der Kochbuchabteilung auf einen englischsprachigen Titel, der mich zum Schmunzeln bringt: *Never Trust a Skinny Italian Chef*, herausgegeben von Massimo Bottura im Phaidon Verlag. Nachdem ich auch den zweiten Teil der Buchhandlung erkundet habe, der sich im hinteren Bereich anschließt und die Kinderbuchabteilung bildet, wende ich mich an eine junge Buchhändlerin, die sich mir als Shuilian vorstellt. Von ihr erhalte ich nicht nur die gewünschte Fotoerlaubnis, sondern auch noch allerhand weitere Informationen: Demnach stellt die rund fünftausend Quadratmeter große Buchhandlung eine Hommage an den buddhistischen Mönch Xuanzang dar, der vor über tausend Jahren in Chengdu lebte, bevor er eine Pilgerreise nach Indien unternahm.

Als Shuilian mir zum Abschluss verrät, dass hier im Mai zum ersten Mal das International Bookstore Forum stattgefunden hat, bei dem internationale Gäste wie James Daunt (von Daunt Books bzw. Waterstones,

Großbritannien) oder Ton Harmes vom Boekhandel Dominicanen aus Maastricht zu Gast waren, muss ich amüsiert lachen: »Es ist unglaublich, wie klein unsere Buchhandelswelt ist. In jeder dieser Buchhandlungen bin ich im vergangenen Sommer zu Gast gewesen; die Dominicanen besuche ich sogar mehrmals pro Jahr, weil ich in der Nähe wohne.«

»Oh, du Glücklicher«, entgegnet Shuilian, »was würde ich dafür geben, sie auch mal zu sehen!«

»Vielleicht sollten wir ein Buchhändler-Austauschprogramm einführen«, schlage ich vor – und ein paar Momente lang erspinnen wir uns die tollsten Ideen, die man bei so einer Aktion umsetzen könnte.

»Lass mich wissen, wenn es losgeht«, zwinkert mir Shuilian zu, bevor ich noch einmal in aller Ruhe durch die Gänge schlendere und dabei feststellen darf, dass die chinesische Ausgabe von *S. – Das Schiff des Theseus* genauso schön aufgemacht wurde wie die deutsche Ausgabe, die bei Kiepenheuer & Witsch erschienen ist: Ein schwarzer, goldbedruckter Leineneinband in einem schwarzen Schmuckschuber, der mit allerhand Begleitmaterial ausgestattet ist.

... schon gewusst? Made in China

Vor über zweitausend Jahren gewann Cai Lun das erste Papier durch eine aufwendige Verarbeitung von Barke, Weizenstielen, Hanf und Baumwollstoffen. Erst im 12. Jahrhundert erreichte seine Erfindung Europa.

Was in Europa durch Johannes Gutenberg im 15. Jahrhundert begann, etablierte sich in China bereits im 7. Jahrhundert, als der Blockdruck erfunden wurde und man das erste Papiergeld der Welt – übrigens in Chengdu – herstellte. Um 1048 entwickelte Bi Sheng das Buchdruckverfahren weiter und ermöglichte die Herstellung mit beweglichen sowie austauschbaren Zeichen.[3]

---

[3] http://www.mandalingua.com/de/china-guide/chinesische-kultur/highlights/
grosse-erfindungen-chinas/

Eine weitere besuchte Buchhandlung Chengdus im Kurzporträt:

Yan Ji You Chengdu

🌐 4th Floor, 388 Tianren Street, High-tech Zone, Capital Tianfu, Chengdu

Auch diese Buchhandlung ist in einem Einkaufscenter Chengdus beheimatet (für mich ist Chengdu die Weltstadt der Shopping Malls schlechthin) – und in was für einem! Das Capital Tianfu liegt am südlichen Rand der Großstadt und wirkt beinahe wie aus einer anderen Welt. Die Fassade besteht aus verspiegeltem Glas und poliertem Aluminium, was im Zusammenspiel mit ihrer außergewöhnlichen Form dazu führt, dass die Mall wie eine Ansammlung hochkarätiger Diamanten aus dem Landschaftsbild herausragt und in der Sonne glänzt.

Im vierten Stockwerk hat vor gerade einmal drei Monaten ein neues Mitglied der Yan-Ji-You-Buchhandelsfamilie eröffnet, das seinen Vorgängern in nichts nachsteht, im Gegenteil: Die Dependance Chengdus ist ein Gesamtkunstwerk, das durch viele besondere Details zu beeindrucken weiß. Die einzelnen Abteilungen sind jeweils wie Erlebniswelten inszeniert, was sich im Eingangsbereich, wo sich die erzählende Literatur befindet, darin äußert, dass die eichenfarbenen Bücherregale allesamt radial angeordnet sind und in der Mitte zu einem säulenförmigen Rundregal zusammenlaufen.

Im angeschlossenen Café hat man die Qual der Wahl zwischen den köstlichsten Eissorten der ganzen Stadt (Softree-Kreationen wie Liquid Honey oder Zuckerwatte-Eis); darüber hinaus wartet ein Kinderparadies auf die jüngsten Leser, und es gibt eine »Do it yourself«-Station, an der man eigene Kunstwerke erschaffen kann. An einer Buttonmaschine bastele ich mir zum Beispiel kostenlos einen Ansteckpin, und wer ein anspruchsvolleres Andenken sucht, kann sich sogar eigenen Schmuck kreieren.

Auf dem Weg zur Lesebühne durchschreitet man den »Gang der Poesie«, an dessen Seitenwänden flexible Klarsichtschilder mit aufgedruckten

Sprichwörtern und prägnanten Zitaten ange- In Chengdu hat die Yan-Ji-You-
bracht sind, die wie Schilfblätter zurückwei- Buchhandlung erst unlängst eröffnet
chen, wenn man dagegenstößt. Und wem das und beeindruckt durch individuelle
alles nicht genug ist, der kann auch noch die Präsentationsformen und offene
hauseigene Kunstgalerie besuchen oder den Gestaltung.
Geschenkartikel-Shop durchforsten.

Kurz gesagt: Diese Buchhandlung wartet hinter jeder Ecke mit
einer neuen Überraschung auf. Und spätestens wenn man die fliegenden
Bücher der großartigen Deckeninstallation entdeckt, die sich im hinteren
Teil befindet, ist es um einen geschehen.

Als am letzten Abend der Abschied naht und ich – nach einem abermaligen Besuch der Fang Suo Commune – auf der belebten Taikoo-Li-Plaza
sitze, bittet mich ein ganz in Weiß gekleidetes Pärchen um ein gemeinsames Foto.

Keine Frage: Das Bild, das ich im Vorfeld von China hatte, war von
unbegründeten Vorurteilen und Halbwissen geprägt. Sowohl in Peking

als auch in Chengdu bin ich überall mit offenen Armen und Herzen empfangen worden. Auf der Straße bauten sich Schulkinder vor mir auf und
riefen mir ein strahlend-herzliches »Welcome to China« entgegen, aus
vorbeifahrenden Bussen winkten mir wildfremde Menschen unvermittelt
zu, und wenn jemand ein Foto mit mir machen möchte, weil er nur selten
einen Europäer zu Gesicht bekommt, dann fragt er einfach – Punkt.
»Es kann alles so wunderbar einfach sein«, denke ich. Und während
mir das Pärchen aus Tibet – zum Dank für das gemeinsame Foto – Bilder aus der Heimat auf dem Smartphone präsentiert, nehme ich mir vor,
zumindest einen Teil dieser sympathischen Unbekümmertheit später mit
in die eigene Heimat zu transportieren.

Am nächsten Tag geht es vom Rande des Himalaja-Gebirges nach
Xiamen, einer Küstenstadt im Südosten des Landes. Nachdem sich der
Flieger erst mit reichlich Verspätung auf den Weg gemacht hat, landen
wir um kurz nach einundzwanzig Uhr auf dem hiesigen Flughafen, was
sich für die örtlichen Gegebenheiten als *zu* spät erweist: Der reguläre
Busverkehr rund um den Flughafen hat seinen Dienst für heute bereits
eingestellt. Ich nehme also ausnahmsweise ein Taxi, mit dem es in den
Norden hinausgeht, wo ich ein Hostel nahe dem Hauptbahnhof gebucht
habe.

Das eigentliche Stadtzentrum befindet sich ebenso wie der Flughafen
auf einer Xiamen vorgelagerten Insel, und so fahren wir über eine kilome-
terlange illuminierte Brücke auf das Festland hinüber. Ein wenig wehmü-
tig betrachte ich dabei das Bild, das sich immer weiter von uns entfernt:
Die Hochhäuser und Straßenzüge des Stadtzentrums leuchten in den bun-
testen Farben und spiegeln sich im nächtlichen Schwarz des Südchinesi-
schen Meeres wider, das die Küstenstadt umgibt. Wie gern würde ich jetzt
noch einen kurzen Bummel unternehmen …

Nach gut zehn Kilometern sind wir da – zumindest fast. Der Taxifahrer kennt weder das Hostel noch die Adresse, die mir ausschließlich in
der lateinischen Schreibweise vorliegt, sodass wir uns darauf einigen, dass
sich unsere Wege am Bahnhof trennen. Dummerweise herrscht rund um

den Bahnhof eine beinahe gespenstische Leere. Mit der angeschlossenen Mall, in der sich zahlreiche Restaurants und Geschäfte befinden, ist die Xiamen North Railway Station zwar auch zu später Stunde ein belebter Treffpunkt für Jung und Alt, den ringsum jedoch Stille und Dunkelheit umgeben. Ziellos wandere ich für eine Weile durch die verlassene Peripherie, bis ich mir eingestehe, dass ich keinen blassen Schimmer habe, wo ich hinmuss. Also kehre ich um und steuere den Bahnhof an, vor dem ich eine Polizeistation entdecke. Kurzentschlossen betrete ich das kleine Containerhäuschen, und fünf Polizeibeamte schauen mich überrascht an.

Einer von ihnen, Quan, der vielleicht Ende zwanzig ist und einen schwarzen Bürstenhaarschnitt trägt, spricht zum Glück ein paar Brocken Englisch und nimmt sich meiner an. Nachdem die Befragung einiger Taxifahrer erfolglos bleibt, kehren wir in die Station zurück, wo er sich ans Telefon begibt, während mich die übrigen Polizisten auf einen frischen Tee und eine Runde Kartenspiel einladen, was sich schon bald als unmögliches Unterfangen erweist: Zwar gibt es die länglichen Spielkarten in vier verschiedenen Farbtönen, sodass es sich womöglich um eine Mau-Mau-Variante handelt, doch weil ich den chinesischen Schriftzeichen keine numerische Entsprechung zuordnen kann, kommt kein ernsthaftes Spiel zustande – stattdessen lachen wir umso mehr.

Nach etwa zehn Minuten, es ist inzwischen fast dreiundzwanzig Uhr, steht die Inhaberin des Hostels vor der Tür und begrüßt mich freundlich – Quan hat den Fall also tatsächlich gelöst.

Zum Abschied tauschen wir unsere Nummern aus, und Quan lädt mich zu einem Familienausflug ein; außerdem notiert er mir noch den Namen einer Buchhandlung in der Stadt, die ich mir unbedingt ansehen soll.

Als ich wenig später im Bett des Hostels liege, verfasse ich noch einen Facebook-Beitrag über die Ereignisse des Tages und komme nicht umhin zu sagen, dass ich das Land und vor allem die Leute inzwischen vollends in mein Herz geschlossen habe.

Zum Abschluss schicke ich Frauke, die in den ersten Tagen dieser Reise mein häufigster und liebster Kontakt in die Heimat war, ein Foto von mir und Quan, das ihn in voller Polizeimontur zeigt, während wir uns freundschaftlich-offiziell die Hand reichen.

»Ich bin zum Familientreffen eingeladen«, schreibe ich, »kommst Du mit?«

»Wenn Ihr Euch hier trefft: Ja! Ansonsten kann es leider etwas dauern … leider«, schreibt sie zurück.

Am nächsten Tag will ich mit dem Bus zurück auf die Halbinsel Xiamen fahren, was mangels lateinischer Beschriftungen gar nicht so einfach ist. Gut zehn Minuten spreche ich die Wartenden am Bussteig an, in der Hoffnung, jemanden zu finden, der Englisch versteht – oder noch besser: spricht. Irgendwann fühle ich mich an Louis de Funès erinnert, der in einem seiner Filme Besuch von Außerirdischen erhält und in Fantasiesprache mit ihnen kommuniziert. Meine Rettung ist schließlich eine chinesische Studentin, die als Übersetzerin fungiert. Und so gondle ich dann doch in den Süden der Stadt.

Es ist subtropisch heiß, weswegen die leichte Brise, die durch die breite Häuserschlucht der Gongyuan-Hauptstraße aus Richtung der See weht, umso angenehmer wirkt. Rund um den Zhongshan-Park ist die Bebauung weniger hoch oder modern – beinahe mediterran wirken die Häuser, die sich eine kleine Anhöhe hinaufschlängeln und von Palmen und Sträuchern gesäumt werden. Nach wenigen Minuten habe ich mein Ziel erreicht:

Once Bookstore

 No. 13 Huaxin Road, Garden Villa, Xiamen

Vor der grauen dreistöckigen Villa, deren Garten unzählige Bäume schmücken, findet gerade ein Fotoshooting mit einem Brautpaar statt. Ich schlängele mich vorsichtig an der Gesellschaft vorbei und will eintreten, als mir ein Hinweisschild an der Tür auffällt, das mich augenblicklich nachdenklich stimmt: »Wenn Sie uns unterstützen wollen, machen

Sie bitte nicht nur Fotos«, steht darauf. Ich wundere mich darüber, denn es klingt ganz danach, als stehe es nicht gut um den chinesischen Buchhandel.

Die Bestätigung erhalte ich umgehend, als ich den jungen Buchhändler an der Kasse nicht nur um eine Fotoerlaubnis für mein Reiseprojekt bitte, sondern ihn auch auf das Schild anspreche.

»Tja, das ist so eine Sache«, entgegnet er zögerlich. »Es gibt viele großartige Buchhandlungen in China, aber wir alle haben mit dem Internethandel zu kämpfen. Fast fünfzig Prozent aller Buchkäufe werden hierzulande online getätigt. O2Sun, eine Buchhandelskette dieser Region, hat vor wenigen Jahren deswegen sehr plötzlich schließen müssen.« Der Buchhändler seufzt. »Bei uns ist die Situation glücklicherweise etwas anders. Vor einiger Zeit war ein Wall-Street-Journalist bei uns zu Gast, der anschließend über seinen Besuch berichtete; seitdem schlagen hier immer mal wieder Touristen auf. Der Hinweis«, er deutet zur Tür, »ist also eher vorsorglich zu verstehen und gilt im Grunde für jede Buchhandlung.«

»In der Tat«, sage ich, »und wenn es hilft: umso besser.«

Tatsächlich hat der ONCE Bookstore dieses Hinweisschild überhaupt nicht nötig, denn wer einmal die Buchhandlung betritt, erliegt unweigerlich ihrem Charme, den man nicht nur auf Fotos festhalten, sondern auch in Form von gekauften Büchern mit nach Hause transportieren möchte.

Gleich im Erdgeschoss der Villa erwarten den Besucher Unmengen an Büchern, CDs und Geschenkartikeln, die nicht nur auf Holztischen und in Regalen bis unter die Decke präsentiert werden, sondern die auch auf Stühlen und dem Boden aufgestapelt liegen. Sogar in der Wand, die sich hinter der Kasse anschließt, ist ein Bücherregal integriert. Ich schaue mich ein wenig um und entdecke Klassiker, Kinderbücher, Bildbände sowie ein eigenes ONCE-Sortiment, das in einem extra Regal mit eingeschnitztem Firmennamen hervorgehoben wird.

Neben Lesezeichen und Notizbüchern stoße ich auf Postkarten mit Sprüchen, die teilweise wie für meine Reise geschaffen sind. »The world ist a book and those who do not travel read only a page.« (»Die Welt ist ein

Der ONCE Bookstore ist in einer Villa beheimatet und versprüht eine ebensolche Atmosphäre: Die Einrichtung ist persönlich und das Sortiment handverlesen.

Buch, und diejenigen, die nicht reisen, lesen nur die erste Seite.«), steht zum Beispiel darauf geschrieben.

Im hinteren Teil des Erdgeschosses schließt sich ein Restaurant an, wobei die Speisen in jedem Raum der Villa zu sich genommen werden dürfen. In Deutschland undenkbar!

Auch im Obergeschoss, zu dem eine knarrende Holztreppe emporführt, gibt es mehrere Räume, in denen gegessen, gelesen und gestöbert wird – ein Regalschrank auf dem Flur beherbergt sogar eine hauseigene Leihbücherei aus privaten Spenden.

Als ich den hintersten Raum betreten will, in dem nur Kissen auf dem Boden liegen, werde ich von einem kleinen Jungen in Empfang genommen, der höchstens acht Jahre alt ist und mich freundlich begrüßt. »Hallo«, sagt er, »mein Name ist Lee. Du musst hier die Schuhe ausziehen.«

Ich bedanke mich für den Hinweis, tue, wie geheißen, und stöbere ein wenig durch die Regale, die sich ringsum an die Wände schmiegen.

»Das hier ist mein Lieblingsort«, lässt mich in Lee wissen, und just in diesem Moment mache ich eine kuriose Entdeckung: Neben einigen Schubern erblicke ich einen grünen opulenten Leinenband, der mit goldenen Lettern beschrieben ist, sowohl mit chinesischen Schriftzeichen als auch mit dem deutschen Titel: *Römische Geschichte.*

»Das kann ich sehr gut verstehen«, entgegne ich Lee, bevor ich mich von ihm und der Buchhandlung verabschiede – natürlich nicht, ohne ein paar Postkarten und eine englischsprachige Kurzgeschichtensammlung gekauft zu haben.

Eine weitere besuchte Buchhandlung Xiamens im Kurzporträt:

Times of Paper Bookstore / Zhi De Shi Da

B263–268, Too Aluohai City Plaza, No. 60–80 Binhubei Er Lu, Haicang District, Xiamen

Der Times of Paper Bookstore ist im Aluohai City Plaza beheimatet, einer Shopping Mall im Haicang-Bezirk. Dort stellt die 2014 im zweiten Obergeschoss eröffnete Buchhandlung so etwas wie den Ruhepol inmitten des lebhaften Einkaufszentrums dar.

Bereits der Eingangsbereich, ein quadratischer Raum, ist ringsum mit hölzernen Regalen ausgestattet, die bis unter die Decke mit Büchern und Pflanzen befüllt sind. Der nächste Raum ist etwas größer und höher; hier gibt es neben Büchern auch hochwertiges Papier und Dekomaterial.

Das eigentliche Highlight schließt sich im dritten Bereich an: ein langer Raum, der sich über die gesamte Nordseite der Mall erstreckt und mit neun Meter hohen Bücherregalen imponiert, zu denen bewegliche Leitern emporführen. Unter einem Mobile aus Buchseiten laden schwarze gemütliche Ledersessel zum Lesen ein. Der hintere Teil des Raumes dient als Café. In diesem Bereich gehen die Regalflächen auf der Außenseite in bodentiefe Fenster über, die den gesamten Komplex mit Tageslicht fluten.

Wie ich von Serena, einer der Buchhändlerinnen, nicht ohne Stolz erfahre, hat es Times of Paper innerhalb kürzester Zeit in einen nationalen Buchhandelsführer geschafft, der vor kurzem erschienen ist. Man versucht allerdings nicht nur, über die Atmosphäre mit dem Internet zu konkurrieren, sondern möchte auch preislich konkurrenzfähig bleiben, indem man die Preise so niedrig ansetzt, wie man es unternehmerisch gerade noch verantworten kann (in China gibt es keine Buchpreisbindung).

Fun-Fact: Da die Buchhandlung viele übersetzte Autoren und Titel führt, lohnt es sich, in den Regalreihen genauer hinzusehen: In China hat es sich nämlich eingebürgert, dass der Name von ausländischen Autoren auch auf den chinesischen Ausgaben in ihrer Ursprungssprache abgedruckt wird – eine oftmals lustig anzusehende Mixtur aus verschiedenen Schriftzeichen.

An meinem letzten Tag in Xiamen stattet mir mein Lieblingspolizist Quan einen Überraschungsbesuch ab, und gemeinsam mit den Betreibern des Hostels, Jenny und Chao, essen wir gegrillten Fisch. Nachdem der geplante Familienausflug – zumindest für mich – ins Wasser gefallen war, weil Quan zu spät feststellte, dass er mich telefonisch gar nicht erreichen kann (sein Handy ist für ausländische Nummern gesperrt, während er WhatsApp nicht nutzen kann), ist dies der perfekte Ausgleich. Und natürlich hat mir Quan als Entschädigung zumindest ein paar Fotos des Ausflugs mitgebracht, die seine Familie im Zoo zeigen.

Später am Abend packe ich meinen Koffer und mache mich auf den Weg zum Bahnhof, von wo aus es zu meiner letzten Station innerhalb Chinas weitergehen soll: **Shanghai**. Am Bahnhof angekommen, erfahre ich jedoch, dass der gesamte Zug- und Flugverkehr der Region wegen eines nahenden Taifuns eingestellt ist … Mir bleibt also nichts anderes übrig, als mein Ticket für den Nachtzug gegen eine Verbindung am nächsten Vormittag einzutauschen. Chao staunt nicht schlecht, als ich plötzlich wieder vor ihm stehe und um ein Bett für eine weitere Nacht bitte. Nun ja, so komme ich wenigstens noch in den Genuss einer

Musikeinlage. Im kleinen Foyer des Hostels, das zugleich das zweite Wohnzimmer des Betreiberpärchens zu sein scheint, nimmt er eine Gitarre von der Wand und kombiniert sein Spiel mit einem stark phrasierten Folkloregesang – was für ein verrückter Haufen, diese Jungs aus Xiamen!

Im Times of Paper haben die Bücherregale eine Höhe von bis zu neun Metern, wobei man diesen Raum mitunter für besondere Präsentationen nutzt: In diesem Regal wurde jedem Buch ein Podest geschaffen.

Am nächsten Morgen stelle ich fest, dass mein Zug hoffnungslos überbucht ist – die achtstündige Fahrt verbringe ich stehend, was mir das volle Mitleid der chinesischen Fahrgäste beschert. Offenbar können sie es nicht ertragen, dass ein Gast ihres Landes stehen muss, sodass mir fortlaufend Sitzplätze, Snacks und Getränke angeboten werden.

Doch auch die Herzlichkeit der Menschen ändert nichts daran, dass ich Shanghai erst am sehr späten Abend erreiche und damit ein geplantes Treffen mit Wu, einer Bekannten, die in Deutschland studierte und nun in Shanghai lebt, ins Wasser fällt, da sie arbeiten muss.

Gleichzeitig startet mit meiner Ankunft am Bahnhof ein Wettlauf gegen die Zeit – genauer gesagt: ein Wettlauf gegen die Öffnungszeit. Mit der Metro fahre ich in die Stadt, schließe meinen unhandlichen Koffer im Hotel ein, haste zum nächstgelegenen Taxistand und bete darum, dass es irgendwie noch reicht. Doch alles Hoffen und Bangen hilft nichts: Wir erreichen Thames Town, ein britisches Viertel im Südwesten Shanghais, knapp 15 Minuten zu spät – die angepeilte Buchhandlung hat bereits geschlossen.

Als ich am nächsten Morgen frustriert am Flughafen sitze und mich dann auch noch die Information erreicht, dass der Flieger wegen eines abermaligen Unwetters mindestens zwei Stunden Verspätung hat, kommt mir die ganze Situation mit einem Mal ausgesprochen grotesk vor: Lange hatte ich am Vorabend noch darüber nachgedacht, meine Reisepläne zu ändern und den Aufenthalt zu verlängern, doch weil ich die Asienflüge im Paket gebucht habe, wäre ein Storno nicht ohne Folgen geblieben. Mal ganz zu schweigen von meinem Visum und der Ausreise ...

Während ich noch damit hadere, dass das chinesische Kapitel meiner Reise nun auf *diese* Weise zu Ende geht, passiert das Unglaubliche:

Ich erhalte einen Videoanruf von Wu, der ich gestern Abend ja leider habe absagen müssen, die mir nun aber eine besondere Überraschung bereitet. Über WhatsApp führt sie mich – zumindest virtuell – durch die schönste Buchhandlung Shanghais:

Zhongshuge

🌐 Lane 900, 930 Sanxin Bei Lu, Thames Town, Songjian, Shanghai

Die Buchhandlung befindet sich etwas außerhalb des Zentrums in einem zweistöckigen Gebäude, das einer Kirche nachempfunden ist. Rote Backsteinmauern bilden links und rechts die Fassade, der Mittelteil besteht vollständig aus Glas, das nach oben hin spitz zuläuft. Durch eine kupferfarbene Tür gelangt man in die Buchhandlung, die voller Überraschungen steckt und in jedem Raum mit einer neuen Idee begeistert.

Während ein Bereich hell ausgeleuchtet und an der Decke komplett verspiegelt ist, wodurch er viel höher wirkt, als er tatsächlich ist, führen die Wände im nächsten Raum dunkle Regale, was zusammen mit dem warmen Licht des goldenen Kronleuchters für eine gediegene Atmosphäre sorgt. Der Boden besteht aus einer Glasfläche, unter der lauter Bücher liegen, sodass man in diesem Raum sogar über Literatur schreitet. Die nächsten WhatsApp-Bilder zeigen einen Lesesaal sowie ein Café, dessen Decke einem Nachthimmel gleicht. Und schließlich erhalte ich noch einen Eindruck aus der Kinderbuchabteilung, die schöner nicht sein könnte: In jedem Detail ist dieser farbenfrohe Raum einem Zoo nachempfunden, und die Regalböden an den Wänden bilden ebenso die Silhouetten von verschiedenen Tieren nach wie die freistehenden Regale, die die Form von Nilpferden, Löwen und Kakadus haben und von spielenden und lesenden Kindern umlagert werden.

Ich bedanke mich bei Wu für diese großartige Überraschung mit einem Küsschen-Emoji und steige glücklich ins Flugzeug.

... schon gelesen?

Empfehlenswertes chinesischer Autoren:
Balzac und die kleine chinesische Schneiderin, Dai Sijie
Wie das Blatt sich wendet, Mo Yan
Brüder, Yu Hua
Wilde Schwäne, Jung Chang
Wie ein Wanderer in einer mondlosen Nacht, Dai Sijie
Die Go-Spielerin, Shan Sa
Die drei Sonnen, Cixin Liu

Wo Buchhandlungen schon mal einer Fernsehserie entspringen und rund um die Uhr geöffnet haben

---

4. Kapitel

TAIWAN

Der schönste Zufallsfund meiner Reise: das Gaia Hotel in Beitou, zu dem die Öffentlichkeit im Regelfall keinen Zutritt hat. Wer es doch schafft, vergisst seinen Besuch niemals.

Es hätte so einfach sein können: Während ich im Flugzeug sitze, versuche ich mir bildlich vorzustellen, wie aberwitzig meine Reiseroute aussähe, wenn man sie auf einer Landkarte einzeichnete. Statt von Xiamen direkt nach Taiwan überzusetzen, was einer Distanz von gerade einmal dreihundert Kilometern entspricht, reiste ich zunächst ins tausend Kilometer entfernte Shanghai, wo meine Besichtigungspläne so kläglich scheiterten. Andererseits waren die Turbulenzen ja dem Taifun Nida geschuldet, etwas, das ich bei der Reiseplanung unmöglich hätte vorhersehen können – und gelohnt hat sich der Abstecher dennoch: Die schier grenzenlose Gastfreundschaft der Chinesen hat mich tief beeindruckt, und außerdem habe ich zum ersten Mal in meinem Leben eine Buchhandlung per Smartphone besucht.

Der Flughafen Taiwan Taoyuan erweist sich als ausgesprochen übersichtlich. Zu meiner großen Freude sind englische Sprachkenntnisse hier zudem deutlich verbreiteter, als es in China der Fall war; sowohl beim Backshop als auch am Reiseschalter kann ich mich problemlos mit den Mitarbeitern verständigen.

Mit dem Bus geht es rund 15 Kilometer in westliche Richtung, wo ich am Hauptbahnhof von **Taipeh** aussteige und erst einmal innehalte: Die Fassaden der umgrenzenden Hochhäuser sind mit bunten und teilweise blinkenden Werbetafeln übersät, während auf den Straßen der Spätnachmittagsverkehr tobt. Nachdem ich mich akklimatisiert habe, folge ich dem üblichen Ankunftsritual: Gepäck in die Unterkunft bringen, frischmachen, im örtlichen Supermarkt mit Obst und Sandwiches stärken und ab zum ersten Besichtigungsziel. Mit der U-Bahn fahre ich wenige Stationen in den Osten, bis zur East Metro Mall hinaus.

Auf der Hauptstraße sind ganze Schwärme von Mopeds und Motorrädern unterwegs, deren Lichter in der einbrechenden Dunkelheit ein lustiges Leuchtmeer bilden. Ich biege in eine kleine Seitenstraße ab und erreiche:

VVG Something

⊕ 13, Alley 40, Lane 181, Zhongxiao E Rd Sec 4, Taipeh

Noch bevor ich die Buchhandlung überhaupt betreten habe, bin ich bereits in sie verliebt: Im Erdgeschoss eines vierstöckigen Gebäudes, das in den übrigen Etagen ein normales Wohnhaus ist, führt ein efeuberankter Terrassenvorsprung auf die rot lackierte Eingangstür zu, die sich seitwärts aufschieben lässt. Einen Spalt weit ist sie bereits geöffnet, und warmes Licht dringt auf die Straße und zieht mich voller Neugierde sowie Vorfreude an.

VVG Something besteht aus nur einem länglichen Raum, der mich ein wenig an ein Werk- bzw. Künstleratelier erinnert: In der Mitte befindet sich die obligatorische Tischreihe, auf der ausgesuchte Bücher präsentiert werden. An den Wänden wechseln sich Bänke und Regale ab, in denen man neben weiteren Büchern auch viele andere Dinge entdecken kann: antike Telefone, Retro-Glühbirnen, Gläser, Bilder, Registrierkassen ... und nicht zuletzt: kleine und großformatige Gemälde und Skulpturen, die von regionalen Künstlern gefertigt wurden. An der Decke sorgt eine Reihe dunkler Lampenschirme, die parallel zu den Tischen verlaufen, für das warme Licht und – damit einhergehend – für eine behagliche Atmosphäre, der man sich nicht entziehen kann. Während ich mich in anderen Läden dieser Größenordnung mitunter beobachtet fühle und von einer Ecke zur nächsten eile, ist hier das Gegenteil der Fall: Ich komme ins Stöbern und schaue mir jede Einzelheit in Ruhe an.

Rose, die anwesende Buchhändlerin, spricht so mitreißend und souverän über Bücher und das VVG Something, dass ich zunächst annehme, sie wäre Inhaberin und Künstlerin in Personalunion. Als ich sie darauf anspreche, winkt sie jedoch umgehend ab.

»Nein, nein«, entgegnet sie, »um ganz ehrlich zu sein, ist das erst meine zweite Woche hier.« Dass sich dabei ein Lächeln auf ihren dunkelrot geschminkten Lippen abzeichnet, zeigt mir, dass sie sich trotzdem über mein indirektes Kompliment zu freuen scheint, bevor sie galant zu einer Buchempfehlung überleitet: *Die schönsten Buchhandlungen der*

Welt, ein wunderbarer Bildband, der aus Taiwan exakt eine Buchhandlung vorstellt: VVG Something.

Ich greife nach dem Buch und blättere es langsam durch, wobei mir eine weitere Buchhandlung ins Auge fällt, von der ich noch nie etwas gehört oder gesehen habe: Libreria de Porrúa in Mexiko. »Die merke ich mir vor«, sage ich und lasse mir anschließend das weitere Sortiment zeigen.

Zu den Besonderheiten von VVG Something gehört zweifellos, dass man hier keinen Bestseller findet, sondern sich schlichtweg überraschen lassen bzw. auf die Vorauswahl der Buchhändler verlassen muss (darf!): Es gibt italienische Bilderbücher für die Kleinsten, Kochbücher, Ausstellungs- sowie Modekataloge, prächtige Fotobände, Reisebücher ... und das alles zumeist nur in ein- oder zweifacher Ausführung.

»Wie wundervoll«, teile ich Rose meine Begeisterung für das Konzept mit, als sie mir ein Buch des japanischen Künstlers Yusuke Oono einpackt, »man entdeckt hier Bücher, von denen man bislang nicht einmal ahnte, dass man sie unbedingt haben muss. Sollte ich irgendwann auch mal ein Buch über die besten Buchhandlungen der Welt schreiben, seid ihr ganz sicher dabei.«

»Ich freue mich jetzt schon«, sagt Rose – und präsentiert mir zum Abschied noch einmal ihr strahlendes Lächeln.

Fun-Fact: Schräg gegenüber der Buchhandlung liegt das VVG Bistro, und weiter stadteinwärts hat auch noch ein angegliedertes Restaurant eröffnet: VVG Thinking.

Nachdem ich am Vorabend mit zwei meiner Zimmerkollegen sehr lange auf dem Shilin-Nachtmarkt im Norden der Stadt unterwegs war, spüre ich die Folgen noch am nächsten Morgen: Die Taiwanesen geben sich stets offen und sehr freundlich, was dazu führte, dass wir kaum einem der Essenshändler das Angebot des Probierens abschlagen konnten. Und so fühlt sich mein Magen am Morgen immer noch an, als hätte ich eine komplette Melone verschluckt. Dagegen hilft nur Bewegung.

VVG Something besteht aus nur einem Raum. Die ausgewählten Bücher sind oftmals nur in Einer-Stückzahlen vorhanden.

Ich fahre in den Norden hinaus und steige in Beitou aus, das circa dreißig Minuten vom Zentrum entfernt liegt. Motorroller und einheitlich graue Geschäftshäuser säumen die schmalen Straßen auf dem Weg dorthin. An den Fassaden kämpfen gewaltige Lüftungsanlagen gegen die drückende Mittagshitze an, wobei sie ein monotones Brummen von sich geben, das mir nach kurzer Zeit in den Ohren summt. Am Horizont zeichnet sich das grüne Gebirge des Yangmingshan-Nationalparks ab, der über einhundert Quadratkilometer groß ist.

Ich schlendere in nordöstliche Richtung, wo sich hinter einer Straßengabelung ein Parkgelände auftut, das mich mit dicht bewachsenen Baumreihen und einer Springbrunnenanlage, die Wasserfontänen in die Luft schießt, empfängt. Bevor ich weiterlaufe, lasse ich mich vom Sprühnebel erfrischen. Die dichte, sattgrüne Bepflanzung spendet Schatten entlang der Fußwege, die an Pavillons, kleinen Tempeln,

Häusern und kristallklaren Wasserfällen entlangführen und schließlich an den heißen Quellen enden, über die ich gestern Abend einen Artikel im Internet gelesen habe und die vor über einhundert Jahren von – wie klein die Welt mal wieder ist – einem Deutschen entdeckt wurden. Zwischen der Baumbewaldung einer angrenzenden Anhöhe und einem breit angelegten Kiesufer ruht ein smaragdgrüner See, von dem weißer Dampf emporsteigt und die Luft drückend schwül, heiß und riechbar schwefelhaltig macht.

Die Kulisse ist wahrlich einmalig, und so suche ich mir einen Ruheplatz (entgegen der Windrichtung!), von wo aus ich diesen Ort für eine Weile beobachte. Immer wieder betreten neue Gruppen das Areal, staunen, schießen Fotos und gehen wieder – nur zwei junge Asiatinnen sitzen mir schon die ganze Zeit schräg gegenüber und sind scheinbar nicht hier, um Bilder zu machen. Ich blicke just in dem Moment zu ihnen hinüber, als mich die etwas Größere von ihnen, die ihre schwarzen Haare zu einem Zopf zusammengebunden hat, ebenfalls gerade anschaut, weshalb sie zunächst ihren Blick verlegen senkt, um mir dann aber doch ein zaghaftes Lächeln zu schenken.

So kommen wir ins Gespräch, und ich erfahre, dass die beiden Freundinnen in Beitou geboren sind und sich momentan – nachdem sie zum Studieren fortgezogen sind – auf Heimatbesuch befinden.

»Ich liebe diese Farben«, sagt Joyce, die Größere, und deutet dabei mit einer ausschweifenden Handbewegung auf die dampfenden Quellen, als wären sie ein Kunstwerk von Cézanne. Als die beiden von meiner Reise erfahren, tauschen sie einen kurzen Blick, bevor abermals Joyce in Richtung des Weges zeigt, der mich hierherführte.

»Du hast gesehen, was es im Beitou-Park gibt, oder?«

»Nein«, entgegne ich zögerlich, und die beiden lachen. Kurzerhand haken sie mich unter, und so stehen wir kurz darauf vor dem nächsten, gänzlich uneingeplanten Bücherort:

Taipei Public Library Beitou Branch

⊕ No. 251, Guangming Road, Beitou District, Taipeh

Mitten in der Parkanlage, direkt neben einem Teich, befindet sich ein vierstöckiges Gebäude aus dunklem Holz, das in vielfacher Hinsicht einen Ort für besondere Geschichten bildet: Die Taipei Public Library Beitou.

Das dreieckige Haus trägt ein abschüssiges Flachdach. In Verbindung mit den zwei rundherum verlaufenden Balkonebenen, hinter denen dunkle, leicht verspiegelte Fensterfronten aufragen, wirkt es beinahe so, als wäre ein Kreuzfahrtschiff im Park auf Grund gelaufen – tatsächlich hat die eigenwillige Konstruktion aber vor allem praktische Gründe: Die Bibliothek, die 2006 eröffnet wurde, ist nämlich das erste Gebäude des Landes, das offiziell als »Green Building« zertifiziert wurde. So ist das geneigte Dach mit einer Rasenfläche begrünt, die Flüssigkeit aufnimmt, speichert und in Recyclingmulden ableitet. Von dort wird es dazu verwendet, um die Pflanzen innerhalb der Bibliothek zu versorgen oder – ganz prosaisch – die Toiletten des Hauses zu spülen. Auf den Balkonebenen schirmt eine Reling die dunklen Fensterflächen vor direkter Sonneneinstrahlung ab, sodass man im Inneren des Gebäudes selbst im Sommer auf eine Klimaanlage verzichten kann. Und natürlich finden sich an den Außenflächen Solarkollektoren, die die Bibliothek mit Strom versorgen.

Dieser nachhaltige Ansatz setzt sich innerhalb der Bibliothek fort: Zwar führen nicht nur Treppen, sondern auch ein Fahrstuhl in die vier Etagen hinauf, doch erinnert ein Hinweisschild die Besucher daran, dass er der Barrierefreiheit statt der Bequemlichkeit dient: »Sie können auch das Treppenhaus benutzen. Das ist umweltfreundlicher und hält fit.«

Langsam schreiten wir durch die Stockwerke und durchqueren im unteren Teil eine Kinderbuchabteilung, dann eine Zeitschriftenabteilung mit Einzel-Leseplätzen an großen Schreibtischen und schließlich ein

kleines Sortiment käuflich zu erwerbender Titel. Je länger wir zwischen den Regalreihen umherspazieren, desto mehr lerne ich diesen Ort zu schätzen: Mit einer Auswahl von über zwanzigtausend Büchern, darunter auch

Als offiziell anerkanntes »Green Building« steht die Taipei Public Library Beitou im Einklang mit der Natur. Das Gebäude ist aus Holz gefertigt.

viele Romane, Sachbücher und Bildbände in englischer Sprache, scheint mir diese Bibliothek vor allem im Sommer ein Ort der Ruhe und Entspannung zu sein. Während draußen weit über dreißig Grad herrschen und es – zumindest abseits des Parks – sehr hektisch und laut zugeht, liegt über diesen kühlen Räumen eine absolute Stille. Die Fensterplätze laden dazu ein, sich dort mit einem Buch niederzulassen und beim Lesen immer wieder einen Blick auf den rückwärtig angelegten Palmengarten zu werfen. Man kann aber auch einfach nur dasitzen und die außergewöhnliche Atmosphäre genießen, die ein Gefühl der Ausgeglichenheit schafft. Und tatsächlich ist die Bibliothek genau das: ausgeglichen, im Einklang mit der Natur.

... schon gewusst?
Autoren undercover

Der andauernde Taiwankonflikt auf politischer Ebene hat auch Auswirkungen auf den Buchmarkt der beiden Länder. Während Taiwan sich als souveräner Staat versteht, gehört die Insel nach chinesischer Auffassung zur Volksrepublik China. Dementsprechend haben es Buchpublikationen des einen Landes im anderen Land nicht gerade leicht, sodass man zu einem simplen Trick greift: Die Titel werden unter Pseudonym und / oder einem anderen Titel veröffentlicht.

»Hier haben wir einen Großteil unserer Jugend verbracht«, erzählt mir Joyce, als wir wieder treppabwärts gehen – und augenblicklich beneide ich sie darum, denn ich hätte es kaum anders gemacht.

Vor der Bibliothek trennen sich unsere Wege, doch lassen mich die beiden Studentinnen nicht ohne einen weiteren Geheimtipp ziehen, der sich ganz in der Nähe befindet (siehe **The Gaia Hotel**), zumindest heute allerdings nicht mehr in meinen Zeitplan passt. Stattdessen fahre ich zurück ins Zentrum Taipehs, wo von der mehrspurigen Hauptstraße, die an der Station Taipei City Hall entlangführt, eine schmale Gasse abzweigt, die zu einem See hinausgeleitet. Während die Straßen und Fußwege in wenigen Hundert Metern Entfernung hoffnungslos überfüllt sind, herrscht hier eine angenehme Ruhe, und ich bin fasziniert von dem Bild, das sich mir bietet.

Vor mir liegt ein See, der still in der Dämmerung ruht und malerisch von den Laubbäumen des angrenzenden Parks eingerahmt wird. Das warmrote Licht der Lampions, die den Uferbereich ausleuchten, spiegelt sich dabei ebenso auf der Wasseroberfläche wider wie die Beleuchtung jenes Ladens, der sich auf der gegenüberliegenden Seite direkt hinter dem Holzsteg anschließt:

YUE YUE & Co.

No. 133, Guangfu South Road, Xinyi District, Taipeh

Dass diese Buchhandlung überhaupt auf meinem Reiseplan auftaucht, habe ich einem Zufall zu verdanken: Deike Lautenschläger, Autorin des Titels *Fettnäpfchenführer Taiwan*, ist im Laufe der letzten Wochen auf meine Buchhandelstour aufmerksam geworden und hat mir Yue Yue &

Co. via Facebook ans Herz gelegt. Zum Glück und vielen Dank noch mal!

Yue Yue & Co: Die kleine Buchhandlung, die aus einer Fernsehserie hervorgegangen ist, wird von mindestens hundert Glühbirnen ausgeleuchtet.

Das Besondere an Yue Yue & Co. ist – kein Scherz! –, dass die Buchhandlug aus einer Fernsehserie hervorgegangen ist. Für die Dreharbeiten der Telenovela *Lovestore at the Corner* baute man 2014 einen ehemaligen Kindergarten im Shongshang Park zu einer Buchhandlung um, die den Hauptschauplatz der Serie darstellte. Tja, und nun ist das Kamerateam längst verschwunden und aus dem fiktiven Ort eine reale Buchhandlung geworden. Inhaberin ist die sympathische Shan Shan Tsai, die früher passenderweise selbst in der Fernsehbranche arbeitete.

Aber auch ohne das Wissen um ihre Vorgeschichte begeistert Yue Yue & Co. mit unverwechselbarem Charme: Das Gebäude besteht vollständig aus Holz und ist grün lackiert. Besonders in den Abendstunden, wenn die warme Beleuchtung durch die großen Fensterfronten und die stets geöffnete Tür nach draußen dringt, kann sich kaum jemand diesem besonderen Ort entziehen, der übrigens nicht nur Buchhandlung, sondern zugleich auch Café ist – und damit in doppelter Hinsicht ein beliebter Treffpunkt. Yue Yue & Co. besteht aus nur einem Raum, an dessen dunkler Holzdecke mindestens hundert Glühbirnen leuchten, die höhenversetzt für viel Licht und Atmosphäre sorgen. An den beiden Längswänden befinden sich deckenhohe Bücherregale; der Platz dazwischen wird in erster Linie für Stühle, Sitzecken und Büchertische genutzt.

Ich gehe langsam an den Regalen und Tischen vorbei und stelle dabei fest, dass vor allem die Cover der präsentierten Bücher sehr aufwendig gestaltet sind; die grafische Ausgestaltung der chinesischen Ausgabe von Hermann Hesses *Der Steppenwolf* reicht beinahe schon an eine Graphic Novel heran. Manchmal wissen aber auch einfach nur die Titel zu begeistern – so entdecke ich unter anderem ein Buchmagazin namens *Living with cats*.

Schließlich begrüßt mich Shan Shan Tsai höchstselbst, und mit ihren dunklen mandelförmigen Augen und den prägnanten Wangenknochen kann ich sie mir wahrlich gut im Fernsehen vorstellen. Von ihr erfahre ich, dass sie in ihrer Buchhandlung fast täglich wechselnde Veranstaltungen und Vorträge abhält. Zudem trifft sich der hauseigene Buchclub einmal pro Woche nach Ladenschluss im Yue Yue & Co. – und manchmal wird die Buchhandlung auch als Kulisse für Hochzeiten gebucht.

Zur Verabschiedung überreicht mir Shan Shan ein dünnes Büchlein, das vom hiesigen Kultusministerium in Auftrag gegeben wurde. Es ist ein Buchhandelsregister für Taiwan, das alle Buchhandlungen der Insel in Wort und Bild vorstellt: die *Formosa Bookstore Guide Map 2016* – eine tolle Idee, die es im Zusammenschluss mehrerer Buchhändler bestimmt auch in Deutschland geben könnte.

Weitere besuchte Buchhandlungen Taiwans im Kurzporträt:

The Gaia Hotel / Gaia Hotel Books

⊕ No. 1, Qiyan Road, Beitou District, Taipei City, Taiwan 112

Dieser Vier-Sterne-Bücherort ist der Geheimtipp der beiden jungen Damen, die ich an den heißen Quellen kennengelernt habe (siehe Taipei Public Library Beitou).

Vom Beitou Park führen enge, schmale Serpentinen einen Hügel hinauf, der mich bei den schwül-heißen Temperaturen des taiwanesischen Sommers schon durch seinen bloßen Anblick zum Schwitzen bringt.

Als ich es dann endlich geschafft und den Aufstieg erfolgreich hinter mich gebracht habe, stellt sich zunächst eine gewisse Ernüchterung ein: Entgegen meiner ursprünglichen Erwartung handelt es sich bei der angegebenen Adresse nicht etwa um einen reinen Bücherort, sondern um ein Vier-Sterne-Luxushotel, für das ich eindeutig nicht angemessen gekleidet bin. Allerdings legten die beiden Vielleserinnen so viel Nachdruck in ihre Empfehlung, dass ich es zumindest auf einen Versuch ankommen lasse und am Empfang meine prekäre Lage zu erklären versuche.

Tatsächlich wird mein Mut belohnt: Zwischen den klassischen Hotelgästen im noblen Zwirn, die allesamt mit exklusiven Willkommenspräsenten begrüßt werden, geleitet man mich in die erste Etage, wo eine ganz und gar außergewöhnliche Mischung aus Bibliothek und Buchhandlung geschaffen wurde. Ein hölzerner Durchgang führt in einen turmförmig angelegten Raum, mindestens dreißig Meter hoch, der bis unter die glasbekuppelte Decke mit Büchern ausgefüllt ist. In den Abendstunden sorgt ein edler Kronleuchter mit Kristallbehang für angemessene Beleuchtung; darunter laden weiße Ledersofas auf Parkettfußboden dazu ein, es sich mit einem der zahllosen Bücher gemütlich zu machen. Hier gibt es einfach alles – von Romanen über Biografien bis hin zu Kinderbüchern, und alles in verschiedenen Sprachen.

Überwältigt sinke ich auf eines der Ledersofas und danke meinen beiden Reiseführerinnen im Stillen für diesen großartigen Tipp!

Eslite Xinyi Store

 No. 11, Songgao Road, Xinyi District, Taipeh

Eslite eröffnete 1989 seine erste Buchhandlung und gilt heute – mit inzwischen rund fünfzig Dependancen auf der Insel – als bekanntester und beliebtester Vertreter der Branche in Taiwan. Während die erste Eslite-Buchhandlung, welche in der Dunhua South Road beheimatet ist, vor allem dafür bekannt ist, dass sie rund um die Uhr (!) geöffnet hat, und zwar an sieben Tagen pro Woche, verlagerte sich der Firmensitz inzwischen in den Xinyi District, wo man neben der Unternehmensverwaltung auch die aktuell größte Buchhandlung des Landes antrifft.

Nur etwa fünfhundert Meter vom Taipei 101 entfernt, dem World Trade Center Taiwans, das bis vor ein paar Jahren noch als höchstes Gebäude der Welt galt, findet sich hier, eingerahmt von einigen Bankengebäuden, ein grauer sechsstöckiger Gebäudemonolith, der viel mehr als nur eine Buchhandlung ist. Wenn man durch die Glastüren im Erdgeschoss eintritt, passiert man zunächst einmal ein Starbucks Café, bevor man plötzlich inmitten einer Mall steht, die in einem gelbgoldenen Licht erstrahlt. Die unteren beiden Etagen haben zunächst einmal gar nichts mit einer Buchhandlung zu tun; hier versteht sich Eslite vielmehr als Kaufhaus. In den komplett offen gestalteten Ebenen präsentieren sich kleine Stände mit wechselnden Produktsortimenten entlang der polierten Marmorgänge. Ob modische Kleidung, Schmuck, Küchenutensilien oder Parfüm – bei Eslite findet sich beinahe alles. Die eigentliche Buchhandlung schließt sich im zweiten Obergeschoss an und reicht von dort über insgesamt drei Etagen, die knapp achttausend Quadratmeter umfassen.

Dabei fällt sofort auf, dass Eslite jeder Ebene ein individuelles Gesicht spendiert hat: Die Abteilung für Kunst, Einrichtung, Fotografie und Architektur erinnert zum Beispiel tatsächlich an ein Fotoatelier mit ihren durchgängig schwarzen Regalwänden und der Beleuchtung durch von

an der Decke montierten Softboxen. Dagegen
kommt die Sprachenabteilung, in der es neben
Lehr- und Wörterbüchern auch die passende
erzählende Literatur gibt, deutlich gediegener
daher: Hier sind die dunkelbraunen Holzregale mit kleinen Bibliothekslämpchen ausgestattet.

Im Eslite Xinyi Store hat jede Etage ihr ganz eigenes Gesicht: Hier sieht man die Abteilung für Fotografie und Interior Design.

Am stimmungsvollsten präsentiert sich die Abteilung für Romane,
die im vierten Obergeschoss anzutreffen ist: Den riesigen Raum, der
allein rund tausend Quadratmeter misst, beleuchten massive Laternen
aus schwarzem Metall, die aus den weiß lackierten Paneelen in den Raum
hinabragen. Ihre LEDs haben die Form von aufgefächerten Büchern. Auf
den Tischen darunter liegen neben den Bestsellern des Hauses auch Neuerscheinungen und aktuelle Buchhändler-Empfehlungen.

Fun-Fact: Die aufgefächerten Bücherleuchten kann man inzwischen
sogar kaufen. Sie wurden von dem indonesischen Designer Max Gunawan

Die Eslite-Buchhandlung in Taichung gilt als schönster Vertreter der taiwanesischen Buchhandelskette.

konzipiert, der sie mit einer erfolgreichen Kickstarter-Kampagne einführte. Mehr Infos dazu unter www.hellolumio.com

Eslite Taichung Chungyo

 10–11F, No.161, Sec.3, Sanmin Road, Taichung

Der Tipp einer Buchhändlerin aus dem Xinyi Store führt mich nach Taichung, einer weiteren Millionenstadt an der Westküste Taiwans, die mit dem Bus in knapp zwei Stunden zu erreichen ist. Auf der Sanmin Road, die am nordwestlichen Rand des Stadtkerns liegt, herrscht vor allem in den Abendstunden ein munteres Gemenge aus Passanten, Musik und bunter Leuchtreklame; von der Hauptstraße gehen schmale Gassen zwischen die Häuserreihen ab, in denen Nachtmärkte mit Schnäppchen locken.

In einem großen Kaufhaus, dem Chungyo Department Store, finde ich schließlich die Eslite-Filiale, von der mir die Xinyi-Buchhändlerin beteuerte, es sei mit Abstand die schönste. Und vermutlich hat sie damit recht: Die Buchhandlung erstreckt sich über die zehnte und elfte Etage. Während im Mittelteil längliche Tische aufgebaut sind, die aktuelle Bestseller und Angebote in chinesischer Sprache präsentieren, schließt sich dahinter das architektonische Highlight an: Drei radial angeordnete Regalreihen aus poliertem Nussbaum umschließen zehn Lesebänke und bilden dabei eine acht Meter hohe Tribüne, die wie ein halbierter Spiralkreisel an der Wand lehnt und einen direkten Blick auf mehrere Zehntausend Bücher auf einmal bietet. Ein wahrhaft einzigartiges Bild, das ich für mehrere Minuten andächtig genieße.

Übrigens: Die komplette Eslite-Buchhandlung wurde nach den Wünschen und Vorstellungen ihrer Kunden gestaltet. Ursprünglich schon um die Jahrtausendwende eröffnet, führte man Ende 2014 eine groß angelegte Kundenumfrage durch, auf deren Grundlage die Buchhandlung im August 2015 komplett umgestaltet wurde.

... schon gelesen?

Empfehlenswertes taiwanesischer Autoren:
Die Insel der Götter, Jade Y. Chen
Die Ballade von der großen Liebe, Jimmy Liao
Ein Jahr lang Schüler 34 in Klasse A, Zuo En
Die Spinne, die Silberfischchen und ich, Yang Mu
Die Tränen des Porzellans, Jade Y. Chen

Wo eine Buchhandlung selbst die schönste Geschichte schreibt

PHILIP
PINEN

Aus über dreitausend Gebrauchtbüchern fertigte der US-Künstler Mike Stelke »Discarded Romance«, eine Bücherskulptur im Atrium bei Fully Booked.

Der nächste Zwischenstopp auf meiner Weltreise wird definitiv zu den kürzesten Aufenthalten gehören, denn genau genommen strebe ich auf den Philippinen nur ein einziges Ziel an; das jedoch wird sich lohnen, hoffe ich.

Als der Flieger gelandet ist und ich ein Visum und mein Gepäck erhalten habe, bietet sich mir beim Verlassen des Flughafens von **Manila** ein relativ skurriles Bild: Der Hauptausgang wird von einer Schar Taxi- sowie Busfahrer, privater Chauffeure und Taxivermittler belagert, die ankommende Touristen überschwänglich begrüßen und als Fahrgast zu gewinnen versuchen.

Als ich mit meinem Rollkoffer in diese Kulisse hinaustrete und mich zwischen den anhänglich-aufdringlichen Fahrern hindurchschlängele, fühle ich mich ein bisschen wie ein Starfußballer, der mit seinem Team einen bedeutenden Titel gewonnen hat und dem die Fans nun am Heimatflughafen einen großen Empfang bereiten. Man wird ja wohl noch träumen dürfen …

In sicherem Abstand befrage ich das Internet nach Reisemöglichkeiten in die Stadt, wobei sich herausstellt, dass es vom Flughafen weder eine Bus- noch eine Bahnverbindung in Richtung Manila gibt. Vor allzu offensiven Anwerbungsversuchen wird in diesem Zusammenhang jedoch nachdrücklich gewarnt (Stichwort: Abzocke), sodass ich die versammelte Dränglerkolonne noch einmal in die entgegengesetzte Richtung durchquere, wo sich eine offizielle Taxistation befindet, an der es deutlich gesitteter zugeht. Ein uniformierter Herr fragt mich nach meinem Ziel, notiert dieses auf einem Kärtchen und weist mir ein Taxi zu.

Mein erstes und einziges Buchhandelsziel auf den Philippinen:

Fully Booked (Bonifacio Global City)

⊕ B6 Bonifacio High Street, Bonifacio Global City Taguig, Manila

Zugegeben: Auf den Besuch *dieser* Buchhandlung habe ich mich schon seit Monaten gefreut und mich bereits mehrfach mit Inhaberin Chris Yam Daez über die Hintergründe und Historie ausgetauscht. Gemeinsam mit ihrem Mann, Jaime Daez, eröffnete sie 2003 die erste Fully-Booked-Buchhandlung auf den Philippinen, was rückblickend dem ersten Kapitel einer großen Erfolgsgeschichte entspricht. Heute gibt es über zwanzig Filialen, wobei jene, die ich besuchen werde, seit 2007 existiert. Am östlichen Ende der Bonifacio High Street, einem hochmodernen Einkaufszentrum, das nicht komplett überdacht ist, sondern über eine Freiluft-Plaza mit kleinen Pavillons verfügt, findet sich die wohl schönste Buchhandlung des Landes ... einige sagen sogar: die schönste Buchhandlung der Welt.

Während das graue sechsstöckige Gebäude, in das einige Glasflächen integriert sind, von außen relativ unscheinbar aussieht, verfliegt dieser Eindruck spätestens mit Betreten der Buchhandlung. Fully Booked ist durchgängig hell und freundlich gestaltet. Das Foyer ist lichtdurchflutet und stellt ausgewählte Buchtipps in englischer Sprache zur Schau. Rechterhand schließt sich ein großer Informationstresen an. Dahinter verdoppelt sich die Breite der Fläche und beherbergt darauf nicht nur Bücher, sondern auch wunderbar ausgewählte Zusatzsortimente, denen der bibliophile Charakter gemein ist. So gibt es diverse Produkte aus der *Harry Potter*-Kollektion (zum Beispiel Hogwarts Alumni) sowie T-Shirts von Out of Print, einem US-Unternehmen, das für jedes verkaufte Produkt ein Buch nach Afrika spendet.

Im Zentrum der Buchhandlung liegt ein Atrium, das von einem Glasdach überthront wird und sämtliche Etagen somit zuverlässig mit natürlichem Licht versorgt. Im Parterre warten nicht nur weitere Bücher

jeglicher Couleur, sondern es ist zugleich
Schaufläche für ein einmaliges Kunstwerk, das
alten, ausrangierten Büchern einer regionalen Bibliothek ein zweites Leben schenkt. Es

Bei Fully Booked sind zahlreiche
Räume mit filigranen Papierskulpturen
geschmückt, deren Oberfläche
Buchseiten nachempfunden ist.

handelt sich um ein riesiges Bild aus den farbigen Buchrücken, das beinahe acht Meter hoch ist und eine Frau zeigt, die eine rosafarbene Katze
im Arm hält. Es wurde von dem amerikanischen Künstler Mike Stelkey
aus etwa dreitausend Gebrauchtbüchern gefertigt und trägt den Namen
Discarded Romance, was zugleich dem – mit großem Abstand – beliebtesten Fotomotiv innerhalb dieser Buchhandlung entspricht. Auch ich stelle
mich davor, knipse ein Bild und schicke es an Frauke.

»Wow – so schön!«, antwortet sie prompt. »Sowas baue ich mir auch in mein Wohnzimmer.«

»Da musst du dir aber gut überlegen, was für Bücher du in Zukunft kaufst, sonst hast du in deinem schönen Motiv am Ende einen schwarzen Fleck, weil du lieber einen Krimi lesen wolltest als ein Buch mit farblich passendem Rücken.«

»Kein Problem, ich kenne da einen sehr netten Buchhändler, der mich sicher gern berät. ☺«

Auf den übrigen Etagen gibt es nicht nur weitere Kunstwerke zu bewundern (darunter Arbeiten des deutschen Kreativduos Herakut), sondern Unmengen an Details und Produkten, die mich zu der Überzeugung kommen lassen, dass sich Fully Booked auf Anhieb auch als junge englischsprachige Buchhandlung in Deutschland etablieren könnte. Neben dem hellen, modernen Design, dem breiten Buchangebot und angesagten Sortimenten wie den Funko-Pop-Figuren, aus denen im Obergeschoss ein meterlanger Tresen geformt ist, gefällt mir vor allem der augenzwinkernde Humor, der einem überall begegnet. So fordern beispielsweise kleine Hinweisschilder an den Regalen ein: »Don't judge a book by its cover. Go ahead, read some pages.« Auch im Falle von heruntergesetzten Büchern wendet man sich mit einer Bitte an die Kunden: »50% off. Don't tell the author.«

Zu guter Letzt engagiert sich Fully Booked für Kinder und deren Bildung und rief vor einigen Jahren die Fully Booked Foundation ins Leben, die Chris Yam Daez selbst leitet. Mit ihrer Hilfe konnten beispielsweise Mini-Bibliotheken in Schulen eingerichtet und sozial benachteiligten Kindern ein besserer Zugang zu Lern- und Schreibangeboten ermöglicht werden.

Fun-Fact: Inzwischen betreibt das erfolgreiche Unternehmerehepaar nicht nur Fully Booked, sondern auch die Fast-Food-Kette The Halal Guys. Sie stammt ursprünglich aus den USA und ließ sich davon überzeugen, ihre erste Auslandslizenz überhaupt auf die Philippinen zu vergeben – an Jaime und Chris Yam Daez. Die entsprechenden Filialen sind nicht selten in unmittelbarer Nähe der Buchhandlungen zu finden; aus eigener Erfahrung kann ich sagen: Das Essen schmeckt großartig!

... schon gelesen?

Empfehlenswertes philippinischer Autoren:
Die Erleuchteten, Miguel Syjuco
Gagamba: Der Spinnenmann, Francisco Sionil José
Die Rebellion, José Rizal

Empfehlenswerte Bücher, die auf den Philippinen spielen:
Pacific Avenue, Claude Cueni
Auf den Inseln des letzten Lichts, Rolf Lappert
Die Geister von Manila, James Hamilton-Paterson

Von riesigen Bücherhallen
und einem Terroranschlag,
der alles ändert ...

6. Kapitel

THAI LAND

The Bookshop & Bar erinnert an die verwunschene Welt aus *Alice im Wunderland*.
Die Bücherregale an der Decke und den Wänden sind ständig in Bewegung.

Vom Hauptstadtflughafen Suvarnabhumi fahre ich mit dem Zug zunächst in westliche Richtung zur Station Makkasan, einem Knotenpunkt des regionalen Metronetzes. Von hier aus gelange ich zum Hauptbahnhof Hua Lamphong, der – dem Königreich Thailand angemessen – in der Dämmerung majestätisch erstrahlt. Halogenspots beleuchten großflächig die weißgoldene Fassade, die links und rechts in je einen Turm übergeht. Über dem Gebäude wölbt sich das riesige Runddach der Bahnhofshalle, dessen Buntglasfassade grün illuminiert in den Abend strahlt. Für einen Moment bleibe ich mit meinem Gepäck vor dem Gebäude stehen und bewundere dieses einzigartige Farbzusammenspiel, bevor ich mich auf den Weg zu meinem Hostel mache.

Auf etwa halber Strecke bricht ein gewaltiger Platzregen aus dem dunkelblau dämmernden Himmel, der nicht nur für mich überraschend kommt: Entlang der Straßen und Gassen, wo unzählige mobile Küchen mit aufgetürmten Reisbergen, Fisch, Fleisch und gebratenem Gemüse locken, herrscht nun ein hektisches Treiben, um die köstlichen Speisen vor dem plötzlichen Unwetter zu retten; zurück bleibt nur der Duft von Fischsuppe, der zwischen den langen Regenfäden steht.

Völlig durchnässt erreiche ich mein Hostel, in dem ich ein Fünf-Bett-Zimmer beziehe. Als der Regen draußen endlich nachlässt und ich in trockene Kleidung geschlüpft bin, mache ich mich auf den Weg zu meinem ersten Ziel in Thailand. Das Hinkommen allerdings erweist sich als schwieriger als gedacht: Etwa zwölf Kilometer nordöstlich von meinem Hostel gelegen, wird das **Kheha Thip Village** weder von Bussen noch von Bahnen angefahren, und die Taxifahrer – unabhängig davon, welchem Unternehmen sie angehören – machen keinen Hehl daraus, dass sich die Fahrt für sie schlichtweg nicht lohnt. Auf der Hauptstraße staut sich der Verkehr oft kilometerlang, während ein Transfer zum nördlich gelegenen Billigflughafen Doen Mueang doppelt so viele Kilometer einbringt und dennoch schneller vonstatten geht. Und da es genügend Fluggäste zu transportieren gibt, sparen sich die Fahrer weniger rentable Fahrten.

Etwas zögerlich nehme ich schließlich das Angebot eines Moped-Taxifahrers an und steige auf seine metallicblaue Honda Wave, nichtsahnend, was mir bevorsteht ... Wie sich herausstellt, kennt der Fahrer den gewünschten Zielort nämlich gar nicht, weswegen ich die Fahrt mit ausgestrecktem rechten Arm verbringe, um meinem Fahrer per Handy eine GPS-Navigation zu ermöglichen. Mit meinem linken Arm umklammere ich die orangefarbene Taxiweste, die der dünne Fahrer trägt, während dieser einen halsbrecherischen Slalom durch schmale Lücken der dahinschleichenden Autokolonnen hinlegt ... das Ganze natürlich ohne Helm und auf regennasser Fahrbahn. Was tut man nicht alles für einen guten Bücherort!

Als wir nach circa zwanzig Minuten das CentralFestival EastVille erreichen, habe ich meine Jahresdosis an Adrenalin verbraucht und steige sehr erleichtert vom Moped. Ich bleibe kurz auf dem Parkplatz stehen, um meine Kleidung im warmen Abendwind trocknen zu lassen, die vom aufspritzenden Wasser der Fahrbahn und dem Angstschweiß völlig durchnässt ist. Trocken und mit einem Puls mit inzwischen wieder normaler Frequenz betrete ich schließlich das Einkaufszentrum und erreiche endlich mein ersehntes Buchhandelsziel:

Think Space B2S

(🌐) 69/2 Khwaeng Lat Phrao, Khet Lat Phrao, Krung Thep Maha Nakhon 10230

Das Einkaufscenter am Ramintra Expressway hat erst Ende 2015 eröffnet und überstrahlt im wahrsten Sinne des Wortes seine gesamte Umgebung. Eine durchgängige Schaufensterfront, die komplett ausgeleuchtet ist, bildet das Paterre, darüber spannt sich eine kunstvoll geschwungene Dachkonstruktion, die an eine moderne Fußballarena erinnert und orange illuminiert ist.

Das Center selbst kommt dabei deutlich größer als jede Sportstätte daher und beheimatet rund dreihundert Restaurants, Cafés sowie edle

Aus den oberen Stockwerken besonders imposant: Die Bücherregale verlaufen über mehrere Ebenen und insgesamt gut dreitausend Quadratmeter.

Kaufhäuser und Boutiquen. Im Mittelgang wechseln sich die Sitzgelegenheiten der einzelnen Geschäfte mit Grünflächen ab, die zum Teil als vertikale Gärten angelegt oder gar Tierparks nachempfunden sind (wobei es sich bei den Tieren um überdimensionale Origami-Modelle handelt). Auf dem Dach des Einkaufscenters findet sich sogar eine künstlich angelegte Joggingstrecke.

Nach einigen Hundert Metern quer durch das Center stehe ich schließlich vor einem großen Durchgang, den weiße Bücherregale bilden und der geradewegs in den Think Space B2S hineinführt. In Harmonie mit dem grünen Charakter des Centers geleitet ein grüner Teppich in die Buchhandlung hinein und führt im Erdgeschoss über den hellen Parkettboden. Rund zwanzig Tische empfangen die Kunden, doch im ersten Moment habe ich gar keinen Blick für ihr Angebot – zu spektakulär ist die Aussicht auf das, was sich darüber ausbreitet: In dem mindestens 1.500 Quadratmeter fassenden Raum sind vier durchlaufende, geschwungene Regalreihen aus eschefarbenem Holz in Form von übereinanderliegenden Terrassen angeordnet. Dazwischen führen ein schmaler Gang, ebenfalls grünausstaffiert und von Bäumen gesäumt, und hölzerne Treppenelemente die Ebenen empor, was in der Gesamtheit den Eindruck vermittelt, als schlendere man durch ein riesiges begehbares Bücherregal. Die organische Farbgebung aus Esche, Grün und Weiß tut ihr Übriges, dass man sich sofort absolut wohlfühlt.

Auf der oberen Ebene, wo ein hauseigenes Café in die umlaufenden Regalwände integriert ist, schließt sich zur linken Seite eine weitere Verkaufsfläche abseits der großen Bücherhalle an, wodurch die Buchhandlung auf eine Gesamtfläche von rund dreitausend Quadratmetern kommt.

Hier treffe ich Sirin, Supervisorin der Fremdsprachenabteilung, die die braunweiße Uniform der B2S-Buchhändler trägt und ein bisschen so wirkt, als wäre sie einem Manga entstiegen – einem sehr fröhlichen, wohlgemerkt (wie sich herausstellt, ist sie tatsächlich großer Manga-Fan). Als ich ihr von meiner Buchhandelsweltreise erzähle, ist sie sofort begeistert und ernennt sich kurzerhand selbst zu meinem persönlichen Guide.

Als erstes führt sie mich durch die obere Ebene, auf der sich das gesamte B2S-Sortiment widerspiegelt: Neben Büchern, die vor allem in der großen Halle angeboten werden, führt Thailands größter Buchspezialist nämlich auch Spielwaren, Filme, Notizbücher, Geschenkartikel und Musik – letzteres sogar im Vinyl-Format.

Wie ich von Sirin erfahre, gibt es in Thailand rund vierzig B2S-Dependancen – diese ist dabei nicht nur die schönste, sondern auch funktionell die außergewöhnlichste. So gibt's im oberen Bereich eine integrierte Vorschule für jedermann, und wer möchte, kann sich als Co-Worker tageweise einen Arbeitsplatz in dieser einmaligen Atmosphäre anmieten.

»Manchmal kommt ein Geschäftsreisender, der nur für wenige Stunden einen ruhigen Arbeitsplatz braucht, aber in der Regel werden die Arbeitsplätze längerfristig vermietet«, führt Sirin aus. »Und der grüne Teppich«, erklärt sie mit einer geheimnisvollen Miene, »ist nicht nur schön anzusehen, sondern absorbiert auch Lärm.« Wow!

Ihre Begeisterung, in deren Takt ihre seitlich geknoteten Zöpfe um ihren Kopf hüpfen, steckt mich mehr und mehr an, und schließlich lachen wir beide ausgelassen, als sie mir ihren erst heute neu dekorierten *Harry Potter*-Tisch mit einem schwebenden Schnatz zeigt.

Tatsächlich scheint der Think Space B2S ein ganz und gar außergewöhnlicher Ort zu sein, der zum Verweilen und Genießen einlädt. In die Bücherterrassen, die unter anderem auch Taschen mit der Aufschrift »Enjoy the little things in life« bereithält, sind kleine Schreibtische in Form von Leseinseln integriert, die – wie mir Sirin verrät – auch von den hauseigenen Buchhändlern regelmäßig genutzt werden. Wenn die Bücher verräumt sind und gerade kein Kunde Hilfe benötigt, ist es den Mitarbeitern nämlich offiziell erlaubt, die Arbeitszeit zum Lesen zu nutzen ... ein beneidenswert schönes Konzept!

Nach etwa drei Stunden des Staunens und Bewunderns bittet mich Sirin um ein gemeinsames Foto, woraus schnell ein Dutzend wird, da sich herausstellt, dass auch ihre schüchternen, nicht-englischsprachigen Kollegen gern ein Erinnerungsfoto mit dem großen Buchhandels-Weltreisenden

Candide Books & Café führt das Konzept einer Buchhandlung und das eines Cafés in einer angenehmen Lounge-Atmosphäre zusammen.

haben möchten. Ich muss lachen und erfülle die Fotowünsche natürlich gern, bevor ich mich kurz vor Ladenschluss verabschiede.

»Was für ein verrückt-sympathischer Haufen«, denke ich, als ich zum zweiten Mal an diesem Tag ein Moped-Taxi besteige. Dieses Mal weiß ich allerdings schon, was mich erwartet, und nach dem großartigen Erlebnis im Think Space B2S kann mich keine noch so knapp genommene Kurve um die Motorhaube eines anfahrenden SUVs herum schocken.

Kaum bin ich (entspannt und trocken!) im Hostel angelangt, erhalte ich eine Facebook-Nachricht von Sirin: »Es war *so* schön, dich getroffen zu haben«, schreibt sie, »vor meiner Zeit als Buchhändlerin habe ich als Stewardess gearbeitet. Du hast mich an einen schwedischen Fluggast erinnert, der wegen eines verloren gegangenen Handys zu einem guten Freund wurde – und zugleich hast du mir vor Augen geführt, wie kostbar das Reisen ist. Ich werde das jetzt wieder viel häufiger machen – danke dafür. Sirin.«

»Ich habe zu danken«, antworte ich, »Buchhändler wie du sind der Grund dafür, warum ich diese Reise unternehme. Ich bin gespannt, was dein nächstes Ziel sein wird – natürlich kriegst du das Buch über meine Reise, sobald es fertig ist.«

»Ja, gern«, schreibt Sirin – und setzt einige Ausrufezeichen dahinter, die mir ihr breites, ansteckendes Lächeln ins Gedächtnis rufen.

Weitere besuchte Buchhandlungen Bangkoks im Kurzporträt:

Candide Books & Café

🏠 41/4 The Jam Factory, Charoen Nakhon Road, Khlong San Bangkok

Das Candide Books & Café ist eine kleine unabhängige Buchhandlung, die am westlichen Ufer des Chao Phraya gelegen ist – gleich gegenüber von Bangkoks Chinatown – und von der hiesigen Jam Factory beheimatet wird. Dabei handelt es sich um ein ehemaliges Lager- und Warenhaus, das sich über mehrere Gebäudeteile erstreckt und unlängst vom thailändischen Stararchitekten Duangrit Bunnag aufwendig umgestaltet wurde, woraus eine der heute angesagtesten Szene-Locations entstand. Der ursprüngliche Charakter ist dabei jedoch noch unverkennbar: In einer stillen, verkehrsberuhigten Gegend ansässig, fügt sich der Gebäudekomplex nahtlos in ein grünes Parkareal ein. Die Fassade besteht ausschließlich aus Glas, und Stahlträger stützen die hohe, nach außen gewölbte Wellblechdecke, was eine gemütliche Loftatmosphäre erzeugt.

Im Zentrum des Komplexes liegt das Buchhandelscafé, das eine durchgängige Fensterfront mit viel Tageslicht versorgt. Die funktionelle Abtrennung des Raumes in Buchhandlung und Café ist nur angedeutet; etwa auf halber Höhe verringert ein hervorstehendes Bücherregal die Tiefe des Raumes – tatsächlich handelt es sich aber um eine offene Halle. Während der rechte Teil mit Glastischen und gemütlichen Stühlen zu einem Kaffee oder einem Stück frisch gebackenen Zitronenkuchen einlädt, schließt sich links die Buchhandlung an. Hier findet sich auf rund hundert Quadratmetern in Holzregalen sowie auf Präsentationstischen ein durchweg gut durchmischtes Sortiment, das vom hiesigen Buchhandels-Reiseführer über eine asiatische Kinderbuchadaption von *Rotkäppchen* reicht, bei der die Protagonistin von einer *Hello Kitty*-ähnlichen Katze verkörpert wird. Und natürlich dürfen aktuelle Romane nicht fehlen.

Duangruethai, die Inhaberin von Candide Books & Café, berichtet mir von besonderen Aktionen, mit denen sie regelmäßig versucht, potenzielle Interessenten an kommende Neuerscheinungen zu binden und sie von einer verbindlichen Vorbestellung in der Buchhandlung zu überzeugen. So erhielten Vorbesteller der thailändischen Ausgabe von Haruki Murakamis *Mister Aufziehvogel* exklusive Zusatzprodukte wie ein aufwendig gestaltetes Lesezeichen und eine Tasche, die der Aufdruck »Keep calm and read Murakami« ziert. Für die erste illustrierte Schmuckausgabe von *Harry Potter*, die zur Zeit meines Besuches vorbestellbar ist, läuft eine ähnliche Aktion, bei der die Vorbesteller erneut mit einem exklusiven Taschenmodell belohnt werden.

Besonders beeindruckend: Bücher sind in Thailand vergleichsweise teuer (die Paperback-Ausgabe von Murakami kostet sechshundert Baht, was umgerechnet rund 16 Euro entspricht – immerhin fast fünf Prozent des durchschnittlichen Monatsgehalts); dennoch nimmt das Lesen einen hohen Stellenwert ein, sodass sich auch viele geringverdienende Thailänder ein Buch als Luxusgut gönnen und die Lektüre dann umso mehr genießen.

The Bookshop & Bar (Sukhumvit 38)

Sukhumvit 38, Khwaeng Phra Khanong, Khet Khlong Toei, Krung Thep Maha Nakhon, 10110 Bangkok (inzwischen leider geschlossen)

Das IDEO Morph 38 ist ein imposantes Neubauprojekt im Osten Bangkoks, das zwei Hochhäuser umfasst, die 2013 fertiggestellt wurden und mit vertikalen Gärten an der Außenfassade verziert sind. Während der vordere Turm zehn Stockwerke zählt, bringt es der hintere auf 32 Etagen, womit er die gesamte Peripherie überragt. Die oberen Stockwerke beherbergen Wohn- und Büroräume, im unteren Teil finden sich ein Restaurant, ein Hotel mitsamt Swimmingpool sowie The Bookshop & Bar.

Wie im gesamten asiatischen Raum üblich, haben Buchcafés auch in Thailand eine Tradition; The Bookshop & Bar toppt dabei jedoch alles, was man bisher auch gesehen haben mag. Sobald man das Erdgeschoss des hinteren Hochhauses betritt, fühlt man sich nämlich unweigerlich in die verwunschene Welt von *Alice im Wunderland* hineinversetzt: Die Wände sowie die Decke sind komplett verspiegelt, wodurch man jegliches Gefühl für den Raum verliert. Merkwürdig verbogene Laternen sorgen für ausreichend Licht in diesem unwirklichen Raum, während sowohl an der Decke wie auch an den Außenwänden perspektivisch verzerrte Regale angebracht sind, die über einen Mechanismus nach vorn und hinten bewegt werden. Hat man bis hierhin noch irgendwie den Überblick behalten, sorgen spätestens die mindestens fünfzig an Bindfäden befestigten Bücher, die von den Möbeln an der Decke herabbaumeln, dafür, dass man in der Bookshop Bar durch Raum und Zeit fällt.

Sollte man sich nicht völlig in diesem Zauberambiente verlieren, findet man in den Wandregalen regulär einsortierte Bücher, die man anlesen und kaufen kann. Das ausgewählte Sortiment reicht dabei von Klassikern bis hin zu märchenhaften Erzählungen.

Wenn man das kulinarische Angebot des Cafés ausprobieren möchte, muss man die Bücherwelt übrigens nicht verlassen: Vorspeisen und Aperitifs bietet die Speisekarte unter der Kategorie »Einleitung« an, während

Speisen für den ersten Gang »Kapitel Eins« heißen. Selbstredend tragen auch die Gerichte selbst bibliophile Namen. Hinter dem »Lesezeichen« verbirgt sich etwa ein Cocktail aus Wassermelone, Limone, Wodka und Honig.

Am letzten Abend meines Bangkok-Aufenthalts sitze ich mit meinem Zimmergenossen Sergej auf dem Balkon des Hostels, wo wir uns über unsere Reisepläne und die wenig nachvollziehbaren Unterschiede in Bezug auf die Visa-Vergabe austauschen. Sergej stammt aus Rumänien und hatte einen 16-tägigen Aufenthalt geplant, womit man ihn zunächst nicht einreisen ließ, weil man Menschen aus Osteuropa grundsätzlich nur 14 Tage genehmigt. Erst als er eine zwischenzeitliche Ausreise vorweisen konnte, indem er einen Flug nach Myanmar und zurück buchte, erteilte man ihm das Visum. Als Deutscher waren mir hingegen sofort dreißig Tage gewährt worden ...

Nachdem Sergej ins Bett gegangen ist, verweile ich noch und plane meine weitere Route. Ich habe mir gerade eine Zugverbindung für den nächsten Morgen nach Hua Hin herausgesucht, das im Süden Thailands liegt und neben einer schönen Buchhandlung auch über einen prachtvollen Strand verfügt, als mich in loser Folge einige Nachrichten von Freunden und Bekannten erreichen.

»Ich hoffe, dir geht's gut«, schreibt auch Frauke, und plötzlich fühle ich mich ihr näher denn je.

»Klar«, texte ich. »Hab heut wieder so viel Tolles erlebt und gesehen. Warum fragst du?«

»Schau mal in die Nachrichten ... ☹«

Ich komme der Aufforderung nach und stocke. An verschiedenen Urlaubsorten Thailands – darunter auch in Hua Hin – wurden an diesem Abend Bomben gezündet; offenbar ein geplanter Terrorakt. Schockiert gehe ich vom Balkon ins Nebenzimmer, das ich mit vier weiteren Reisenden teile.

»Es ist was passiert«, setze ich an ..., und in dieser Nacht schläft niemand von uns. Sergej, der Rumäne, ein junges schwedisches Pärchen,

François, ein französischer Student, und ich sitzen die ganze Nacht da und reden – über alles, was uns einfällt und ablenkt. Was genau passiert ist, weiß in diesem Moment niemand von uns; fest steht nur, dass Sergej nicht mehr in den thailändischen Dschungel möchte, wie er mir vor ein paar Stunden noch begeistert erzählt hat.

»Genug Abenteuer«, sagt er nun. Und auch meine Reisepläne ändern sich …

… schon gelesen?

Empfehlenswertes thailändischer Autoren sowie Bücher, die von Thailand handeln:

Der Traum des Puppenspielers, Saneh Sangsuk

Sightseeing: Erzählungen, Rattawut Lapcharoensap

Bangkok Noir, Roger Willemsen

Der Strand, Alex Garland

Reise nach Thailand: Geschichten fürs Handgepäck, div. Autoren
(Unionsverlag)

Wo Harry Potter in den Petronas Towers zaubert ...

7. Kapitel

MALAY SIA

Das Bild hat mich nicht mehr losgelassen: Im Schatten der SEGi-Bibliothek teilen drei Freunde kostenlos Essen und Büchlein an Obdachlose aus.

Als sich am darauffolgenden Tag die Nachricht verbreitet, dass am Morgen zwei weitere Sprengsätze inmitten des Stadtzentrums von Hua Hin gezündet wurden, entscheide ich mich gegen eine Zugfahrt durch den Süden Thailands, wo es nunmehr zu insgesamt elf Explosionen binnen weniger Stunden kam. Stattdessen fahre ich kurzentschlossen zum Flughafen hinaus. Dort buche ich einen Kurztrip nach **Kambodscha**. Dieser Abstecher nach **Siem Reap** erweist sich als gute Wahl, da die Hauptstadt der gleichnamigen Provinz mit Ablenkung in jedweder Hinsicht aufwarten kann und faszinierend sowie verstörend zugleich daherkommt.

Im Morgengrauen des nächsten Tages fahre ich schon wieder zum Flughafen, von wo aus es weiter nach Malaysia geht. Der Airport von **Kuala Lumpur** überrascht nicht nur dadurch, dass er rund fünfzig Kilometer südlich der Hauptstadt liegt, sondern auch durch die einfache Einreise: Erstmals muss ich hier keine Papiere ausfüllen, um ein Visum zu erhalten; das Vorzeigen meines Reisepasses genügt.

Mit dem Bus, der günstigsten Verkehrsmöglichkeit, pendele ich zum Hauptbahnhof KL Sentral, der gut eine Stunde entfernt liegt. Wie in so vielen großen Städten der Welt ist auch dieser Bahnhof eher eine Mall mit Reisemöglichkeiten. Über eine Rolltreppe erreiche ich ein Einkaufszentrum auf der gegenüberliegenden Straßenseite und entdecke dort zufällig einen Frisör, bei dem ein Haarschnitt umgerechnet knapp vier Euro kostet, was mir sogleich ein weiteres ungewöhnliches Erlebnis beschert: Das Geld wird nämlich zunächst in einen Automaten eingezahlt, woraufhin ich eine Karte erhalte, mit der ich zu einem der Friseure gehe. Der bearbeitet meine Haare mit einer Kombination aus Schneidemaschine und Staubsauger, wodurch er nicht nur die Länge exakt hinkriegt, sondern auch keine Haare auf den Boden fallen lässt. Fühlt sich lustig an!

Frisch frisiert steuere ich anschließend die Metrostation Masjid Jamek an, die im Herzen Kuala Lumpurs liegt und nach der angeschlossenen Moschee benannt ist, die ich gleich beim Verlassen der Station erblicke: An der Gründungsstätte der Hauptstadt, dort wo die zwei wichtigsten

Flüsse zusammentreffen, erstrahlt ein prachtvolles, von Palmen umgebenes Gebäude. Über den verschnörkelten Torbögen, die in die Moschee hineingeleiten, wölben sich weiße Kuppeldächer, und zu beiden Seiten recken sich schlanke, hohe Minaretttürme empor; ein Bild, das mich spontan an die Märchen aus tausendundeiner Nacht erinnert. Gleich dahinter befindet sich das Zentrum Kuala Lumpurs, das ich nach einer kurzen Rast im Hotel erkunde.

Die Straßen entlang der Neubauten werden von allerhand Bäumen gesäumt, die angenehmen Schatten inmitten der aufgeheizten Millionenstadt spenden. Während es entlang der Jalan Ramlee viele Restaurants, Cafés und Pubs gibt, vor denen Animateure für einen Besuch werben, liegt im östlichen Teil des Zentrums meine erste malaysische Buchhandlung, die ich (Müdigkeit sei Dank) allerdings erst am nächsten Morgen besuche:

Kinokuniya (Suria KLCC)

(✈) Lot 406–408 & 429–430, 4. Stockwerk, Suria KLCC, 50088 Kuala Lumpur

Als ich die Adresse der einzigen Kinokuniya-Buchhandlung Malaysias erreiche, muss ich unweigerlich lachen und an Gerd denken, der während des Auftaktfluges meiner Weltreise neben mir saß. Was habe ich ihn bewundert: Scheinbar mühelos sprudelten die Reisetipps für verschiedene asiatische Länder aus ihm heraus – es gab nichts, das er nicht zu wissen schien. Was er mir jedoch nicht verriet und was ich jetzt erst selbst feststelle: Die Kinokuniya-Buchhandlung befindet sich im vierten Stockwerk eines noblen Einkaufszentrums, das direkt neben den Petronas Towers liegt, die man, wie Gerd mich wissen ließ, am besten am späten Abend besucht (wobei man sich die entsprechenden Tickets schon am frühen Morgen kaufen muss; nach etwa zwei Stunden ist das Tageskontingent nämlich aufgebraucht). Während ich den 88 Stockwerke hohen Zwillingskoloss aus Stahl und Glas bestaune, muss ich immer wieder die zahlreichen Straßenhändler abwimmeln, die mich unbedingt mit einem

Weitwinkelobjektiv beglücken wollen, um die Türme in ihrer vollen Pracht fotografieren zu können. Schließlich wende ich mich ab, immerhin wartet *die* Buchhandlung der Hauptstadt auf mich.

Im Schatten der Petronas Towers findet sich eine Dependance der japanischen Buchhandelskette Kinokuniya. Schmale Gänge führen durch die langen Regalreihen.

Es handelt sich um eine Dependance der japanischen Buchhandelskette Kinokuniya, die in ihrer Heimat, wo sie 1927 gegründet wurde, noch recht gleichförmig auf mich wirkte. Hier führt der helle Marmorboden des Einkaufszentrums auf eine breite Schaufensterfront zu, die erstaunlicherweise keinerlei Bücher präsentiert. Stattdessen ist ein gut zwanzig Meter breites Plakat aufgespannt, das für die achte Geschichte von Harry Potter, *Harry Potter und das verwunschene Kind*, wirbt, die vor wenigen Tagen erschienen ist.

Die Buchhandlung selbst verfügt über ein kleines Obergeschoss, das Kunst-, Architektur- sowie Fotobücher bereithält und außerdem mit einem gemütlichen Café lockt. Im deutlich größeren Untergeschoss treffe ich Yana, eine junge Buchhändlerin, die mich mit einem breiten Lächeln empfängt. Sie organisiert nicht nur eine Fotoerlaubnis für mich, sondern führt mich auch ein wenig durch die Buchhandlung, die wahrlich zu beeindrucken weiß: Knapp dreihunderttausend Titel finden sich hier, wobei die Integration in das Einkaufszentrum keine weitläufige Inszenierung mit hohen Decken erlaubt, wie es in anderen Filialen der Fall ist, sondern enge Regalreihen aus hellem Holz schmale Gänge bilden. Trotz des beschränkten Platzes könnte das Sortiment kaum vielfältiger sein: Es gibt einen ganzen Raum, der mit japanischen Magazinen und Manga ausgefüllt ist, darüber hinaus fremdsprachige Literatur, medizinische Fachbücher, Wirtschaftsliteratur, Gedichtbände … Kurz gesagt: Kinokuniya führt alles, was ein Buchliebhaber sich nur wünschen kann.

Das Herzstück der Buchhandlung stellt die Kinder- und Jugendbuchabteilung dar, die zur Zeit meines Besuchs ganz im Zeichen von *Harry Potter* steht. Neben wunderbaren Themenwelten wie „Lieblingsreihen", welche die beliebtesten Serienromane versammelt, oder „Magische Welten" sind Hunderte Exemplare des neuen *Potter*-Bandes zu einem Turm aufgestapelt. An der Wand daneben liegen weitere Werke sowie ein Ausmalbuch, und über einem angebrachten Besen prangt das Hinweisschild: »Park Your Broom here«. Doch damit nicht genug: Neben unzähligen Funko-Pop-Figuren und einem Käfig, in dem Harrys Schneeeule Hedwig sitzt, präsentiert mir Yana eine Glasvitrine, in der seltenes Merchandise ausgestellt ist, das von T-Shirts bis zu einer mintgrünen Stofftasche von *Harry Potter und der Halbblutprinz* reicht, die in Japan hergestellt wurde und niemals käuflich zu erwerben war.

»Wow, eines dieser Dinge wäre eine tolle Erinnerung an meinen Besuch«, versuche ich mein Glück, doch Yana winkt bereits lachend ab.

»Du glaubst gar nicht, was uns schon alles dafür geboten wurde. Aber wir würden diese Devotionalien für kein Geld der Welt hergeben.«

Als sie meine Enttäuschung bemerkt, geleitet mich Yana zu einer Fensterfront auf der Rückseite der Buchhandlung – und tatsächlich gerate ich dort abermals ins Staunen: Im Südosten der Petronas Towers liegt ein riesiges Parkareal, der KLCC Park, auf den man von hier aus eine beeindruckende Aussicht hat. Ich blicke auf Rasenflächen, umgeben von Palmen und Bäumen, und einen großen See, in dem dutzende Wasserfontänen einer einzigartigen Choreografie folgen.

Mit der englischsprachigen Ausgabe von *Man Tiger* (*Tigermann* von Eka Kurniawan), die mir in der Abteilung für asiatische Literatur wegen ihres Covers ins Auge gefallen war (es vermittelt den Eindruck, als sei es von einer Tigerkralle zerfetzt worden, und handelt von einem mysteriösen Mordfall), setze ich mich später hinunter an diesen See, der auch das bevorzugte Feierabendziel vieler Angestellter aus den angrenzenden Hochhäusern zu sein scheint.

Als ich ein paar Stunden später wieder das Stadtzentrum rund um die Moschee erreiche, wage ich einen kurzen Abstecher zu einem Ort, der sich bei der kleinen Erkundungstour am Vorabend unwiderruflich in mein Gedächtnis eingebrannt hat:

Library SEGi College

📍 33, Jalan Hang Lekiu, 50100 Kuala Lumpur

In einer Gegend, die von Hotels, kleinen Supermärkten und Restaurants geprägt ist, bin ich gestern Abend auf ein Bild gestoßen, das mich seitdem nicht mehr loslässt: In einer Seitenstraße, unmittelbar vor der Bibliothek des SEGi Colleges, einer der renommiertesten privaten Weiterbildungseinrichtungen Malaysias, war ein Tisch aufgebaut, vor dem 15 bis 20 Personen anstanden, während ringsum viele weitere auf dem Gehweg, in Häuservorsprüngen oder auf Treppenstufen saßen und Essen aus Plastiktellern löffelten. Offenbar handelt es sich um Obdachlose, die hier eine kostenlose Mahlzeit erhielten und sie im Schutz der Dunkelheit zu sich nahmen. Nur das beleuchtete Oberschild der Bibliothek erhellte die stockfinstere Seitenstraße, und in diesem spärlichen Licht war nicht nur die Armut, sondern auch die Dankbarkeit der Menschen greifbar. Je länger diese Szene in mir nachhallt, desto schmerzhafter wird sie.

Mit einem Tag Abstand wird mir klar: Ich möchte unbedingt mehr darüber erfahren. Also betrete ich die hell ausgeleuchtete Bibliothek, deren langen grauen Regalreihen ein Empfangstresen vorgelagert ist. Ich berichte der jungen Dame von meiner gestrigen Erfahrung, woraufhin sie erwidert: »Das ist eine private Initiative. Wir haben nicht direkt etwas damit zu tun, stellen aber gern unseren Platz zur Verfügung. Mehrmals pro Woche kommen die Helfer abends hier vorbei und versorgen Bedürftige mit Essen. Ab neunzehn Uhr könntest du Glück haben.«

Und tatsächlich: Als ich kurze Zeit später zurückkehre, ähnelt die Szenerie dem gestrigen Bild frappierend. Diesmal ist zwar kein Tisch aufgebaut, doch direkt vor der Bibliothek parkt ein dunkler SUV, aus dessen Heck drei junge Männer Menüschalen greifen und sie den anstehenden Personen aushändigen. Ich reihe mich kurzerhand ein und bekomme schließlich selbst einen Teller gereicht.

»Nein, nein«, sage ich, »vielen Dank. Ich bin Tourist und nur zufällig hier. Ich habe euch gestern entdeckt, und irgendwie hat mich das nicht mehr losgelassen. Ich finde toll, was ihr macht. Seid ihr täglich hier, und kann man euch irgendwie unterstützen?«

Der junge Mann mustert mich zunächst wortlos, während er über seinen Dreitagebart streicht. Schließlich fährt er mit einer Hand über sein weißes Leinenhemd, lächelt und setzt zu einer Erklärung an: »*Fast* täglich. Und nein: Wir nehmen grundsätzlich keine Spenden an, das ist uns zu bürokratisch. Wir sind einfach drei Freunde, die gern mit anderen teilen, was wir haben. Den Leuten hier geht's nicht gut, und die Bibliothek ist der perfekte Treffpunkt. Wir teilen Essen aus. Manchmal bringen wir auch kleine Bücher oder Zeitungen mit, die dann von Hand zu Hand gehen.« Er wirft mir einen durchdringenden, jedoch freundlichen Blick zu. »Wenn du wirklich helfen möchtest, kannst du Schokolade kaufen. Wir beschränken uns auf Grundnahrungsmittel, aber die Leute fragen oft danach.«

Verstohlen blicke ich mich um und spüre abermals, was den Leuten diese Einrichtung bedeutet. Im fahlen Licht der Bibliotheksbeleuchtung sitzen sie auf der Straße und scheinen in diesem Moment unendlich dankbar für das, was sie haben. Als ich dann auch noch einen jungen Kerl entdecke, der ein schlecht kopiertes Deutschlandtrikot trägt, kann ich nicht anders: Ich gehe in einen benachbarten Supermarkt und kaufe für mein verbleibendes Restgeld, rund 190 malaysische Ringgit (knapp vierzig Euro), an die fünfzig Schokoriegel und verteile sie anschließend unter den freudestrahlenden Speisenden; der Name der Geschmacksrichtung erinnert übrigens an die Heimat:»Black Forest« – *Schwarzwald*.

»Dieses Geld habe ich im Laufe meiner Reise mindestens schon dadurch eingespart, dass ich stets das günstigste Verkehrsmittel für den Flughafentransport gewählt hab«, denke ich.»Wie viel Gutes ein minimaler Verzicht auf Zeitersparnis und Komfort bewirken kann.«

Mit dem letzten Schokoriegel setze ich mich zwischen die Leute auf dem Gehweg, wo wir schweigend gemeinsam essen und unser großes, kleines Glück genießen.

... schon gelesen?

Empfehlenswertes malaysischer Autoren sowie Bücher, die von Malaysia handeln:

Töchter des Monsuns, Rani Manicka
Abend ist der ganze Tag, Preeta Samarasan
Morgen ist ein neues Leben, Kerstin Hohlfeld

Wo man Bücher abonnieren kann und Katzen die heimlichen Stars einer Buchhandlung sind

---

8. Kapitel

SINGA PUR

Pico (hier im Bild), Lemon und Cake sind die heimlichen Stars der Buchhandlung: Sie sind das beliebteste Fotomotiv bei BooksActually.

Von der Bank Rakyat Bangsar, einer Metrostation im Zentrum Kuala Lumpurs, verkehren günstige und dabei äußerst komfortable Reisebusse nach **Singapur**. Als nach fünf Stunden Fahrt alle Passagiere an der Grenze aussteigen, um die Einreiseformalitäten zu erledigen, befallen mich kurzzeitig Zweifel, während ich einen Blick auf die Zollbestimmungen werfe. Dass auf Drogenschmuggel die Todesstrafe steht, bin ich aus anderen asiatischen Ländern inzwischen gewohnt (routinemäßig überprüfe ich mein Gepäck jedes Mal auf unbemerkt reingesteckte Ware); in Singapur ist aber sogar die Einfuhr von Kaugummi verboten. Immerhin wird der Privatimport von Wrigley's und Co. *nicht* mit dem Tod bestraft, und so gehe ich das Risiko ein, eventuell mit meinen verbliebenen drei, vier Streifen erwischt zu werden. Und siehe da: Die Einreise geht glimpflich vonstatten, und kurz darauf finde ich mich, inzwischen spät abends, im Zentrum des kleinen Inselstaats wieder. Für mehr als das Bett reicht meine Energie heute jedoch nicht mehr.

Also schlendere ich erst am nächsten Tag über die Temple Street, eine kleine Seitenstraße, in der mein Hostel liegt und die auf ihrer gesamten Länge von roten und weißen Lampions überspannt wird. In östlicher Richtung stoße ich auf den Sri-Mariamman-Tempel, dessen längliche Mauer einmal um das ganze Gebäude herumläuft. Ein verschnörkeltes Dach aus sechs Ebenen, das Hunderte bunt bemalte Figuren der hinduistischen Mythologie zieren, bekrönt das Eingangstor, vor dem die unzähligen Schuhe der Besucher auf dem Gehweg stehen.

Nach ausgiebiger Betrachtung fahre ich zur Küste hinaus und statte den Gardens by the Bay, einem gut einhundert Hektar großen Parkgelände, einen Besuch ab. Der grüne Stadtgarten beeindruckt mich nicht nur mit den fünfzig Meter hohen Supertrees (säulenförmige Gerüste, an denen Pflanzen emporwachsen) und dem größten Gewächshaus der Welt, in dem beinahe die gesamte Bandbreite der Vegetation zu bewundern ist, sondern gewährt mir und allen anderen Besuchern auch einen unverbaut-schönen Ausblick auf die Skyline Singapurs.

Die kunstvoll verzierte Fassade zeigt eine der Haupteigenschaften dieser Buchhandlung: Individualität. BooksActually war die erste unabhängige Buchhandlung des Landes.

Später durchquere ich in westlicher Richtung das Stadtzentrum, um mein erstes Buchhandelsziel zu besuchen:

BooksActually

🌐 9 Yong Siak Street, 168645 Singapur

Die Yong Siak Street liegt in einem weniger stark frequentierten Viertel Singapurs, das – neben Wohnbauten – vor allem von Cafés, kleinen Restaurants und Supermärkten bevölkert wird. In unmittelbarer Nachbarschaft der Kinderbuchhandlung Woods in the Books hat sich hier – vor über einem Jahrzehnt – eine der kreativsten und außergewöhnlichsten

Buchhandlungen Asiens angesiedelt: Books-Actually, die erste unabhängige Buchhandlung Singapurs.

Bereits die Fassade zeugt von der Individualität des Geschäfts: Im Stile der angesagten Coloring Books von Johanna Basford & Co. windet sich ein wahres Kunstwerk über den weiß grundierten Beton. Zwei Bäume aus feinen schwarzen Pinselstrichen fassen das Schild der Buchhandlung ebenso ein wie die gläserne Eingangsfront, durch die warmes Licht auf die Straße fällt. In den gemalten Baumkronen wachsen Bücher heran – getreu dem Motto: Aus Holz wird Literatur.

... schon gewusst? Literarische Spezialdisziplinen

Das National Book Development Council of Singapore rief 2012 das All In! Young Writers Festival ins Leben, das seitdem jährlich stattfindet. Neben international besetzten Vorträgen und Workshops stehen dabei ungewöhnliche Ausschreibungen wie die »55 Word Fiction Competition« oder der »10 Word Story Sentence« auf dem Programm.[5]

Nachdem ich das Gemälde ausgiebig bewundert habe, trete ich ein und lasse den Raum zunächst einmal auf mich wirken. Von der hohen weißen Decke hängen unverkleidete Glühbirnen herab, die in vier symmetrisch angeordneten Reihen die gesamte Buchhandlung mit Licht ausfüllen. An den Längsseiten des Raumes wandern gut vier Meter hohe Regale entlang, die mit Büchern, Schreibmaschinen, Globen und dekorativen Röhrenbildschirmen befüllt sind. Ein großer Tisch mit stapelweisen Buchempfehlungen teilt den Raum in zwei Gänge, die zu einem Durchgang in die Geschenkartikelabteilung führen, wo man vor allem Schönes aus Glas und Porzellan findet.

Hinter dem breitem Tresen warten schon Buchhändlerin Renée und Kenny Leck, einer der Gründer von BooksActually, auf mich. Kenny, ungefähr Anfang vierzig, trägt eine dünne Rundbrille und hat strubbelige schwarze Haare, unter denen besondere Ideen zu reifen scheinen. Von ihm erfahre ich, dass man über das hauseigene Imprint Math Paper Press inzwischen auch verlegerisch tätig ist und bereits 150 Titel veröffentlicht

---

5   www.all-in.bookcouncil.sg

hat; besonders stolz ist er darauf, mit Cyril Wong den diesjährigen Gewinner des Singapore Literature Prize zu verlegen.

Kennys neustes Projekt ist die kürzlich eingeführte BooksActually-Box, die wie eine Gemüsekiste funktioniert. Lesefreunde abonnieren die Box über drei, sechs oder zwölf Monate und erhalten dann alle vier Wochen ein Überraschungspaket aus ihrer Lieblingsbuchhandlung, die aus Büchern und bibliophilen Zusatzprodukten besteht.

»Ein absoluter Bestseller«, gibt sich Kenny überaus zufrieden.

Als ich ein Ziehen an meinem Hosenbein verspüre, lacht er herzhaft auf: »Oh, und wie konnte ich das nur vergessen?« Ich schaue hinunter und erblicke eine grauweiß gefleckte Katze, die mich erwartungsfroh anschaut.

»Das ist Pico«, erklärt Kenny, »mit Lemon und Cake haben wir insgesamt drei Katzen, die nicht nur zum Inventar von BooksActually gehören, sondern so etwas wie die heimlichen Stars sind.«

Und tatsächlich: Nicht nur die Papiertüten der Buchhandlung werden von einer stilisierten Katze verziert – es gibt sogar Ansteckpins mit dem Abbild der drei Katzen zu kaufen.

»Kriegt man die auch in den Abo-Boxen?«, frage ich Kenny.

»Nein, das nicht«, entgegnet er lächelnd – und ein wenig klingt er dabei so, als würde er »*noch* nicht« meinen.

Als der Laden schließt, lasse ich mich zu einem Spontankauf von *Ten Loves* (Zhang Yueran) hinreißen, einer historischen Liebesgeschichte, der ein schreibmaschinengefertigtes Empfehlungsschreiben anheftet, das typisch für BooksActually ist.

Fun-Fact: Auf der Verkaufstheke steht ein Metallstab, auf den ausgedruckte Gedichte aufgespießt sind, die man im Notizzettelformat kostenlos mitnehmen kann. »Poetry Takeaway« nennt man diese Form des Literaturgenusses.

Oben Die großen Fenster versorgen Littered With Books mit viel Tageslicht.
Unten Nicht nur die Regalwände halten allerhand Bücher bereit – auch Sitzmöbel werden zu Präsentationsflächen.

Eine weitere besuchte Buchhandlung Singapurs im Kurzporträt:
Littered With Books

 20 Duxton Road, 089486 Singapur

Im Süden des Chinatown-Viertels gelegen, gefällt Littered With Books bereits in der Außenansicht. Während einige der doppelstöckigen Geschäftshäuser im Quartier vor allem durch ihre besonders farbenfrohe Gestaltung auffallen, die beinahe karibisches Flair vermitteln, setzt Littered With Books andere Schwerpunkte: Vor der hohen Schaufensterfront ist eine Schiefertafel aufgestellt, die in kunstvoller Kreideschnörkelschrift wissen lässt: »Books are the destination & the journey. They are home. ~ Anna Quindlen«. Eine passende Zeichnung – ein aufgeschlagenes Buch, aus der eine leuchtende Berglandschaft herausbricht – illustriert das Zitat.

Betritt man die edle Villa, die seit 2010 eine unabhängige Buchhandlung beheimatet, bekommt man unweigerlich ein Gefühl für dieses »Bücher-Zuhause«. Rechts geleiten aktuelle Literaturempfehlungen in die Buchhandlung hinein, die von einer englischsprachigen Jojo-Moyes-Ausgabe bis zu dem Sach-Bilderbuch *The Open Ocean* reichen, während dazwischen – in Ausstellungsvitrinen – antiquarische Titel angeboten werden, die teilweise mehr als eintausend Dollar kosten (wobei in Singapur – für asiatische Verhältnisse – ohnehin alles sehr teuer ist). Eine schmale Treppe zur rechten Seite führt in das Obergeschoss empor, wo es neben der Reiseabteilung Lesefutter für alle Krimifans gibt.

Das Besondere: Bei Littered With Books verliebt man sich nicht nur in die Bücher, sondern auch in die kleinen und großen Details der Ausgestaltung. So ist die Wand der Reiseabteilung mit einer überdimensionalen Weltkarte tapeziert, während an den Regalböden diverse Empfehlungsschreiben und thematisch passende Zitate angebracht sind. »The world is a book and those who do not travel read only one page«, steht über einem TimeOut-Reiseführer von Paris.

Die Krimiabteilung ist dem Schauplatz eines Verbrechens nachempfunden, indem auf dem dunklen Parkettboden der Umriss einer Leiche nachgezeichnet ist; eine zweite Schiefertafel zeigt hier ein trauriges Buch, dem ein zweites Buch gegenübersitzt, das einen Marshmallow über ein Lagerfeuer hält. »The books are bored. Come in and give 'em a tickle«, steht darüber geschrieben – und genau das möchte man bei Littered With Books stunden- bzw. tagelang tun.

... schon gelesen?

Empfehlenswertes singapurischer Autoren sowie Bücher, die von Singapur handeln:

Ministerium für öffentliche Erregung, Amanda Lee Koe
Drachenkinder, Hwee Hwee Tan
Singapur im Würgegriff, James Gordon Farrell
Hinter den Inseln, Garry Disher

Wo Buchhandlungen wie Boutiquen anmuten und es einen Geburtstagsrabatt auf Bücher gibt

---

9. Kapitel

INDO NESIEN

Hochglanzoptik trifft auf Gemütlichkeit – Das Sortiment im Books & Beyond wird perfekt ausgeleuchtet, die warmen Holztöne verströmen Behaglichkeit.

Als zehnte und letzte Asien-Destination lande ich tags darauf in **Jakarta**, der Hauptstadt Indonesiens, das als weltgrößter Inselstaat ungefähr dreimal so viele Einwohner hat wie Deutschland. Rund zehn Millionen davon leben in der indonesischen Hauptstadt, von der mein Impfarzt kurz vor meinem Reiseantritt noch behauptet hatte, dass es hier keinen öffentlichen Personennahverkehr gäbe – weit gefehlt, er scheint lediglich nicht allzu bekannt zu sein.

Am Flughafenterminal bahne ich mir einen Weg durch die aufdringlichen Taxifahrer und entdecke am östlichen Ende einen kleinen Parkplatz, der zugleich als Bushaltestelle dient. Für ein Zehntel des Taxipreises fährt die hiesige Damri-Linie in die Stadt, was außer mir nur ein weiteres Touristenpärchen in Erfahrung gebracht zu haben scheint – ansonsten sitzen nämlich ausschließlich Einheimische in dem überhitzten Bus, als dieser sich in Bewegung setzt und über die unebenen Straßen in Richtung des Zentrums hoppelt.

Aus westlicher Richtung kommend, durchqueren wir auf der gut 25 Kilometer langen Fahrt zunächst die Elendsviertel von Jakarta, die mich schwer schlucken lassen: Rostige Wellblechdächer reihen sich aneinander, dazwischen schlängelt sich ein dunkelgrau schimmernder Fluss entlang, aus dem Müllinseln emporragen. Einzig die Kleidung, die auf der Rückseite vieler Hütten zum Trocknen hängt, leuchtet farbenfroh in der Sonne und scheint ein Zeichen gegen die triste Monotonie der Armut setzen zu wollen.

Nach etwa einer Stunde haben wir das Zentrum und somit das Kontrastprogramm zu den Elendsvierteln erreicht: Ich steige am Monumen Nasional aus, einem hohen Turm und zugleich *dem* Unabhängigkeitsdenkmal, das von einer weitläufigen, sehr gepflegten Gartenanlage umgeben ist. Von hier aus laufe ich weiter in Richtung Süden, was ich auf der stark frequentierten Hauptstraße Jalan M. H. Thamrin jedoch alsbald bereue, da ich nonstop mein gesamtes Gepäck zwischen entgegenkommenden Passanten auf dem holprigen Kopfsteinpflaster hindurchmanövrieren muss – und das bei 35 Grad. Als irgendwann auch das Internet den Geist aufgibt – liegt es an der Hitze? –, frage ich einen der zahlreichen Sicherheitsbeamten, die auf der Straße wachen, nach dem Weg zu meinem Hotel. Der freundliche Beamte dirigiert mich kurzerhand zur Deutschen Botschaft, die sich zufällig in der Nähe befindet. Gerade so gelingt es mir, die freundlichen Kollegen davon zu überzeugen, dass meine leichte Orientierungslosigkeit wahrlich kein Fall für den Botschafter ist – und tatsächlich finde ich mein Hotel kurz darauf auch ohne staatliche Hilfeleistung.

Die Nebenstraße war auf meiner Karte gar nicht verzeichnet, umso mehr freue ich mich über die Ankunft, die ich mit einer erfrischenden Dusche feiere. Anschließend fahre ich mit dem Bus in den Südwesten hinaus, wo das erste Buchhandelsziel auf mich wartet:

ak.'sa.ra

 Jalan Kemang Raya 8B, 12730 Jakarta

Mit ihrer Holzpaneelen-Verkleidung gleicht die Buchhandlung von außen einem schmucken Pavillon – und tatsächlich ist sie auch innen mehr Buchboutique denn klassische Buchhandlung.

2001 als erste Buchhandlung mit fremdsprachigem (Teil-)Sortiment in Indonesien gestartet, haben die Betreiber das Angebot inzwischen deutlich erweitert und bieten heute Musik, Geschenkartikel und bibliophile Accessoires an. Und tatsächlich ist nicht nur das Sortiment überraschend vielfältig sowie europäisch, sondern auch die Architektur weiß zu beeindrucken. In die durchgehende Glasfront sind zwei Doppel-Schwingtüren integriert, die in einen loftähnlichen Raum führen. Der Betonboden wirkt unbehandelt und bewusst grungy, wovon sich die hellen Decken mit metallenen Hängelampen im Industriestil deutlich absetzen. Die Wände sind mit edlen kirschholzfarbenen Regalen und Vitrinen besetzt, in denen das handverlesene und erfrischend andere Sortiment ebenso präsentiert wird wie auf den großen Holztischen, die mitten im Raum stehen. Neben einer großen Auswahl an internationalen Titeln, die sogar Roberto

Im ak.'sa.ra kann man auch Musik, Geschenkartikel und bibliophile Accessoires erwerben – einige werden sogar von der Buchhandlung selbst produziert.

Bolanos' Epos *2666* umfasst, findet sich bei ak.'sa.ra eine spezielle Abteilung für indonesische Literatur, die sowohl die originalsprachigen Texte als auch deren englische Übersetzungen bereithält. Darüber hinaus gibt es ein schönes Sortiment an Geschenkprodukten, bei denen die Heimat ebenfalls eine große Rolle spielt. So hat man nicht nur die Abteilung »best homegrown brands« kreiert, sondern sogar einen kleinen Ausstellungsraum speziell für indonesische Kunst bzw. Künstler geschaffen.

Von einer jungen Buchhändlerin, die offenbar selten Englisch spricht und dementsprechend zwischen ihrer Schüchternheit und Höflichkeit hin- und hergerissen scheint, erfahre ich dann, dass man – ähnlich wie schon in der thailändischen Buchhandlung Candide Books & Café beobachtet – auch eigene Produkte gestaltet. In diesem Fall hat man zum Erscheinen des neuen *Harry Potter*-Bandes einen speziellen Stoffbeutel im *Harry Potter*-Stil entworfen; außerdem gibt es Postkarten, die Harrys Brille und die stilisierte Narbe zeigen.

Als ich eine letzte Runde durch das komplette Sortiment drehe, entdecke ich im vorderen Teil weitere Stofftaschen, die mit Sprüchen berühmter Schriftsteller verziert sind. »Never put off till tomorrow what you can do the day after tomorrow«, wird beispielsweise Mark Twain zitiert; eine willkommene Ausrede für den nächsten und übernächsten Besuch in dieser wundervoll atmosphärischen Buchhandlung. Doch leider, leider bleibt mir keine Zeit für eine Rückkehr, da der nächste Weiterflug bereits in unheilvolle Nähe rückt, nachdem ich in Thailand meine Route habe ändern müssen ...

Eine weitere besuchte Buchhandlung Jakartas im Kurzporträt:

Books & Beyond Karawaci

⊕ Jalan MH Thamrin 2, 15811 Lippo Karawaci, Tangerang

Die Buchhandlung liegt rund 25 Kilometer westlich von Jakarta, was im dichten Verkehr, der ganztägig rund um die Hauptstadt herrscht, einer

Taxifahrt von zwei Stunden entspricht. Das Gute daran: Inklusive der Gebühr für die Benutzung der überregionalen Schnellstraßen (ja, sie heißen wirklich so!) kostet diese Fahrt umgerechnet gerade einmal rund zehn Euro.

Und sie lohnt definitiv: 2008 ursprünglich als Teil der singapurischen Times-Bookstores-Kette eröffnet, firmiert die Buchhandlung inzwischen als Books & Beyond und ist Indonesiens größtes Buchhandelsunternehmen. Der funkelnde Glaspavillon liegt neben einem kleinen Park und gewährt bereits von außen großzügig Einsicht in die zweistöckige Buchhandlung, in der warme Holztöne dominieren. Im vorderen Bereich lädt ein Starbucks Café zum Verweilen ein. Von der hohen Decke hängen schlangenförmig Holzpaneele, in die helle Halogenspots integriert sind, welche die schwarzen runden Büchertische und halbhohen Regalreihen auf dem edlen Parkettboden perfekt ausleuchten. Hier fühlt man sich unweigerlich wohl und lässt sich gern auf das breite Sortiment ein, das von fremdsprachigen Bestsellern über eine große Auswahl indonesischer Literatur bis zu Spiel- und Schreibwaren sowie Geschenkartikeln reicht.

Fun-Fact: Bei Books & Beyond kann man sogenannte »Privilege Cards« für zwei oder drei Jahre erwerben (zehn bzw. 13 Euro), die einem zu besonderen Anlässen (zum Beispiel dem eigenen Geburtstag) Rabatte von zwanzig Prozent auf das gesamte Sortiment gewähren.

... schon gelesen?

Empfehlenswertes indonesischer Autoren sowie Bücher, die von Indonesien handeln:

Tigermann, Eka Kurniawan
Die Regenbogentruppe, Andrea Hirata
Pulang (Heimkehr nach Jakarta), Leila S. Chudori
Alle Farben Rot, Laksmi Pamuntjak
Der Träumer, Andrea Hirata

Wo ich mich zum ersten Mal in
meinem Leben über den Winter
freue und mich ein besonderes
Blind Date erwartet ...

———————————————

10. Kapitel

AUSTRALIEN

Im großen Saal des Mitchell Buildings wird gelesen und gearbeitet – wenn man sich nicht gerade von der eindrucksvollen Kulisse ablenken lässt.

Als ich am 22. August auf dem Kingsford Smith Airport von **Sydney** lande und kurz darauf das Terminal in Richtung der Parkplätze verlasse, bleibe ich umgehend stehen, löse meine Hand vom Griff des Reisetrolleys und atme mit geschlossenen Augen tief ein. Un-glaub-lich schön!

Seit knapp sechs Wochen bin ich nun schon unterwegs, und an beinahe jedem Tag davon herrschten weit über dreißig Grad Celsius, was in Kombination mit der hohen Luftfeuchtigkeit nicht immer ein Spaß war. Und nun bin ich im australischen Winter gelandet, der mich mit einer frischen, klaren Luft und Temperaturen knapp über zehn Grad begrüßt.

Völlig beglückt sehe ich davon ab, vom Flughafen die direkte Zugverbindung ins Zentrum Sydneys zu nehmen, und schlendere stattdessen mit meinem Gepäck, das inzwischen gefährlich angewachsen und heidenschwer ist, in Richtung Westen, wo eine langgezogene Betonbrücke über den Cook River führt. Während die Wintersonne mild am Horizont strahlt, gibt es hier keinerlei Hinweise darauf, dass ich soeben in der größten Stadt Australiens gelandet bin. Die sechsspurige Marsh Street wird nur mäßig befahren, und auf beiden Uferseiten breiten sich große Grünanlagen aus, hinter denen sich nur vereinzelt Gebäude abzeichnen. Ich biege in den Cahill Park ein, dessen Wege hohe Bäume säumen, und lasse mich auf einer Bank am Ufer des Flusses nieder, wo ich einen Blick auf meine Buchhandelsliste werfe und ein Hostel buche. Als ich das Handy gerade wieder in der Gesäßtasche verstauen will, geht eine Nachricht ein. Es ist Frauke, die mir ein Foto von den beiden Straßenmusikern schickt, denen wir im Anschluss an unseren letzten gemeinsamen Buchhandelsbesuch in Köln begegnet waren und für gut eine halbe Stunde zugehört hatten: *Entlin*, zwei junge Belgier.

»Bei dir ist es schon Nachmittag, oder? Ich musste gestern Abend jedenfalls an dich denken. Nicht nur, dass ich Bücher kaufen war ... anschließend traf ich dann auch noch auf *die* hier.«

»Ja, die kommen mir ziemlich bekannt vor«, schreibe ich zurück, »... das war ein wirklich schöner Tag damals. Bald wiederholen wir das gern; notfalls auch ohne Musiker.«

Als sanfter Nieselregen einsetzt, gehe ich schließlich weiter und steuere die nahegelegene Bahnstation Wolli Creek an, von der aus ich zur Central Station fahre.

Rund fünfhundert Meter davon entfernt findet sich mein Hostel, wo mir beim Check-in nachdrücklich bewusst wird, dass sich mit dem Wetter auch die Lebenshaltungskosten verändert haben: Eine Nacht in Sydney kostet annähernd so viel, wie ich in Asien durchschnittlich für eine Woche bezahlt habe. Nachdem ich mein Zimmer bezogen, das Gepäck verstaut und mich geduscht habe, bin ich bereit für mein erstes australisches Buchhandelsziel:

Ampersand Cafe & Bookstore

78 Oxford Street, Paddington NSW 2021

Die Oxford Street ist in Paddington gelegen, einem sehr schönen Viertel im Nordosten Sydneys, das mir mit seinen kleinen, verwinkelten Märkten und seiner sehr homogenen Struktur gefällt: Entlang der Haupteinkaufsstraße reihen sich viktorianisch anmutende Häuser auf, die nur ab und an von Neubauten abgelöst werden, die selten mehr als zwei Stockwerke umfassen. Neben kleinen Boutiquen, Bars, Cafés und Pubs ist die Straße mit drei Buchhandlungen auch als Leseviertel bekannt. Allerdings musste vor knapp einem Monat eine davon, die Ariel Booksellers (1983 eröffnet), leider ihr Ladenlokal schließen, sodass im östlichen Teil der Straße nur noch zwei Buchhandlungen übrig sind: **Berkelouw Books** (siehe Kurzporträts) und Ampersand Cafe & Bookstore.

Oben dreißigtausend Bücher auf drei Etagen, dazu köstliche Getränke und Speisen: So lockt das Ampersand Cafe & Books seine Besucher.
Unten Warmes Leselicht, gemütliche Polstersessel und ringsum Bücher: Im Ampersand Cafe & Bookstore verliert man jegliches Zeitgefühl.

Wie der Name bereits verrät, verfolgen die Betreiber bei Ampersand ein Mischkonzept aus Café und Buchhandlung, das ausgewogener und atmosphärischer kaum sein könnte. »Over 30.000 books. Open 7 days«, verspricht ein Schild auf der Fassade. Neben dem dunkelgrauen Gebäude führt eine kleine Gasse zwischen den Häusern hindurch, die als Terrasse für das Café dient und eine beeindruckende Aussicht auf das im Tal liegende Viertel auf der Rückseite eröffnet. Während die Buchhändler und ihre Stammkunden die eine Seite der Gasse, die Hauswand des Nachbargebäudes, unlängst in ein buntes Kunstwerk aus floralen Elementen und einem fliegenden Kolibri verwandelten, führen auf der anderen Seite – über Eck – zwei Glastüren in das Gebäude hinein.

Dort findet sich zunächst einmal eine riesige Theke aus dunklem Holz, hinter der mehrere Mitarbeiter für die wartenden Kunden wirbeln und sie mit Pasta, Salaten, Kuchen, Törtchen und Kaffee verwöhnen, was dafür sorgt, dass man mit Betreten des Ampersand unweigerlich Hunger bekommt. Ich stelle mich also an, ordere ein Stück Marmorkuchen und erfahre, dass mich kein Geringerer als der Inhaber selbst bedient.

Matthew scheint kaum älter als ich und trägt einen dunklen gepflegten Vollbart, in dem immer wieder sein strahlendes Lächeln aufblitzt. Als ich ihm von meiner Reise erzähle, reicht er mir zwischen der Zubereitung von zwei Milchkaffees die Hand und entschuldigt sich für den Trubel. Während er weiterwirbelt, lässt er es sich indes nicht nehmen, mir einen kurzen Einblick in die Geschichte seiner Buchhandlung zu geben.

»15 Jahre gibt es diesen Laden nun schon«, setzt er an, »wir haben immer geöffnet, und ich müsste lügen, wenn ich behauptete, dass das kein Stress wäre, aber unter dem Strich war es die beste Entscheidung, die ich treffen konnte. Es macht einfach Spaß.«

»Soll ich dir was sagen«, entgegne ich, »genau *das* merkt man, sobald man diesen Laden betritt. Ich werde mir jetzt mal den Rest anschauen.«

»Fühl dich wie zu Hause«, sagt Matthew und reicht mir zu dem Kuchen einen Milchkaffe über den Tresen.

Vom Hauptsaal gehen zwei Räume ab, in denen zahlreiche Gäste an kleinen Rundtischen Platz genommen haben und essen oder lesen, eingerahmt von mintgrünen Bücherregalen, die sich an die Wände schmiegen. Eine Wendeltreppe verbindet Souterrain, Parterre und Obergeschoss miteinander, und ich folge ihr in den unteren Bereich, wo die Sachbuchabteilung liegt. In die Wände sind Regalfächer eingearbeitet, sodass man beim Stufensteigen nach Schmökern Ausschau halten kann. Unten angekommen, stockt mir der Atem ob des Bildes, das sich mir dort eröffnet.

Im Gegensatz zum Erdgeschoss gibt es hier kein Tageslicht; stattdessen hängen prachtvolle Kronleuchter von der hölzernen Balkendecke hinab und hüllen den Raum in ein gleichmäßig warmes Licht. Die dunklen Regalwände stehen vor groben Mauern aus Naturstein. Während im Parterre dichtes Gedränge herrscht, treffe ich hier nur auf eine junge Frau, die an einem der beiden Holztische sitzt und in ein Buch vertieft ist; dahinter locken zwei rote polsterbespannte Ohrensessel und runden den gemütlichen Charakter dieses Raumes perfekt ab.

Dieses Bild *muss* ich einfach festhalten, und so spreche ich die junge Frau, die mich entfernt an die junge Ausgabe von Renée Zellweger erinnert, vorsichtig an und erkundige mich, ob es sie stören würde, wenn ich ein paar Aufnahmen mache.

»Im Gegenteil«, entgegnet sie freundlich, »das hier ist mein Lieblingsplatz in Sydney. Nicht nur, was die Bücherauswahl anbelangt, sondern auch, um in Ruhe zu arbeiten. Nett, dass du fragst.«

Ich lege also los, und beinahe erscheint es mir, als würde sie absichtlich ein bisschen posieren, weil ihr der Gedanke gefällt, an ihrem Lieblingsplatz – für eben diesen – Modell sitzen zu dürfen.

Nachdem ich mich bei Kathleen, so heißt die junge Dame, bedankt habe, statte ich dem Obergeschoss einen Besuch ab, das gänzlich anders daherkommt und dennoch die gleiche Wirkung erzielt: Man kann gar nicht anders, als sich wohlzufühlen. In die insgesamt drei Räume, die Biografien, Krimis und Romane bereithalten, sind große Fenster eingelassen, die für reichlich Licht sorgen. Sessel und Stühle laden zum Verweilen ein, und die zahlreichen Tische sind mit frischen Blumenbouquets dekoriert. Im hintersten Raum, der die allgemeine Belletristik präsentiert, gibt es sogar einen Kamin, der zwar nicht in Betrieb ist, aber dennoch für eine gewisse Behaglichkeit sorgt.

Übrigens gibt sich Ampersand sehr kollegial und gewährt Angestellten des ganzen Viertels Rabatt auf seine Speisen. Darüber hinaus verdient das Geschäft Geld mit Gebrauchtbuchverkäufen, das komplett für soziale Projekte in der Region gespendet wird.

Als ich mich schließlich verabschiede, lasse ich es mir nicht nehmen, Matthew meine Begeisterung mitzuteilen, und sage ihm, dass mich das Untergeschoss ein wenig an Shakespeare & Company in Paris erinnert.

»Oh Mann«, entgegnet er zögerlich, »und das von dir, der schon so viele Buchhandlungen gesehen hat. Vielen Dank! Ich freue mich sehr, dass du hier warst, und wünsche dir noch eine großartige Reise. Komm gern wieder!«

»Das werde ich«, sage ich, »irgendwann ganz bestimmt.«

Tatsächlich kehre ich schon am späten Abend desselben Tages zurück an diesen Ort – zumindest virtuell: Nachdem ich die Waschmaschine im Hostel mit einem Großteil meiner Kleidung befüllt habe, betrachte ich noch einmal die Aufnahmen des Tages und verspüre dabei einen Anflug von Neid in mir aufsteigen, als ich Kathleen sehe: Wie oft sie wohl schon bei Ampersand zu Gast war? Und wie viele Besuche noch folgen werden?

Obwohl der nächste Tag andauernden Regen bereithält, entscheide ich mich für einen ausgiebigen Spaziergang in Richtung Südwesten.

Auf Höhe des Victoria Parks, in dessen Zentrum inmitten eines Blumenmeeres ein Café im Stile eines Cottage-Häuschens liegt, biege ich auf die City Road ab, die wenig später in die King Street übergeht und mich geradewegs nach Newtown führt, einem Viertel, das Paddington auf den ersten Blick nicht unähnlich ist, nur dass es etwas weniger hip und chic daherkommt.

Die Bebauung ist auch hier durchgängig flach. Die zumeist zweistöckigen Geschäftshäuser, deren Fassaden in dunklen Pastelltönen gehalten sind, wirken wie an einer Perlenschnur nebeneinander aufgereiht. Über eine Länge von mehreren Kilometern finden sich hier Pubs, Cafés, Restaurants, kleine Reisebüros, Kunstläden … und Buchhandlungen! Mein erstes Ziel heißt:

Elizabeth's Bookshops

⊕ 257 King Street, Newtown NSW 2042

Schon allein die Front der Buchhandlung sticht aus dem Fassadeneinerlei der Hauptstraße heraus: Während der Eingang der anderen Geschäfte zumeist unmittelbar an den Gehweg anschließt, führt hier eine kleine Rampe auf eine hölzerne Veranda hinauf, die zu einer Erkundungstour einlädt, noch bevor man den Laden überhaupt betreten hat.

Auf der Balustrade sind gebrauchte Romane aufgereiht, die für sechs Dollar das Stück angeboten werden, ein Doppelpack bekommt man für zehn Dollar. Links weist eine kleine Ausstellungsfläche auf den nahenden Vatertag am vierten September hin und erklärt zugleich augenzwinkernd: »Father: A man who has photos in his wallet where the money used to be«. Angeboten werden diverse Bücher, die von Paul Brickhills Kriegserzählung *The Great Escape* bis zu Handwerker-Ratgebern reichen.

Noch vor der Veranda liegt das eigentliche Herzstück und Highlight der Buchhandlung, welches ihr unlängst sogar internationalen Ruhm einbrachte. Mitten auf dem Gehweg steht ein Holzdisplay, das die Aufmerksamkeit der Passanten gewinnt und sie in die Buchhandlung lockt, indem es ein »Blind Date with a Book« verspricht. Jede Seite des Displays fasst exakt zwanzig Bücher. Das Besondere: Alle Bücher sind in Packpapier eingeschlagen und von außen mit maximal fünf Stichworten versehen, die den Inhalt grob umschreiben. Somit kann man nicht nur sich selbst überraschen,

Ob als Geschenk oder für sich selbst – die »Blind Date Books« bei Elizabeth's Bookshop sind immer eine gute Wahl. Inzwischen werden sie sogar in die ganze Welt verkauft.

sondern auch beim Verschenken für doppelte Spannung sorgen, wenn selbst der Käufer höchstens erahnen kann, welches Buch er da weitergibt.

Weit geöffnete Schiebetüren ziehen den Kunden in die Buchhandlung, wo man weitere verpackte Buch-Blind-Dates erwerben kann. John, ein ausgesprochen freundlicher Buchhändler, erläutert mir die Hintergründe zu dieser Idee: 1973 eröffnete die erste Buchhandlung von Elizabeth's Bookshops in Perth und spezialisierte sich alsbald auf Gebrauchtbücher. Daran änderte sich auch nichts, als die Buchhandlung vor 15 Jahren nach Sydney expandierte, im Gegenteil, der Verkauf von Second-Hand-Titeln gilt auch heute noch als Geschäftsgrundlage. Als besonderen Zusatz entwickelten die Buchhändler Anfang 2013 dann die Idee zu den »Blind Date Books«, die auf www.blinddatewithabook.com übrigens ebenfalls im Internet zu haben sind. Es war ein Volltreffer: Das kreative Konzept sprach sich schnell herum und verbreitete sich auch im

Internet wie ein Lauffeuer – nicht zuletzt, weil selbst Hollywood-Größen wie George Takei darauf hinwiesen. »Heute bekommen wir Bestellungen aus der ganzen Welt«, verrät mir John augenzwinkernd. »Auf eine Bestellung aus dem fünfzig Kilometer entfernten Campbelltown folgt eine Order aus Manila. Einfach verrückt.«

Die gesamte Buchhandlung ist extrem urig – der dunkelgraue Teppich im Hauptverkaufsraum schlägt leichte Wellen, und die dunkelgrünen Regalwände an den Wänden sind deutlich in die Jahre gekommen und reichen bis unter die Decke. Das Sortiment bietet alles von Romanen über Sach- und Kinderbücher bis hin zu queerer Literatur, die sich übrigens in direkter Nachbarschaft zur Religion findet.

Was mich neben den »Blind Date Books« jedoch am meisten begeistert, sind die teils urwitzigen Regalbeschriftungen. So findet sich beispielsweise in der Buchhändler-Empfehlungsecke, die sich gleich hinter dem Eingang anschließt, folgender Hinweis: »Thinking of stealing? Smile for the cameras – the police love a good happy snap!«.

Zum Abschied überreicht mir John ein Souvenir, das passender nicht sein könnte: Ein »Blind Date Book« nach Wahl, was bei dem großen Angebot und den vielversprechenden Schlagworten keine leichte Entscheidung ist. Schließlich greife ich nach einem Buch, das mit folgenden Begriffen umschrieben wird: Romance, England, Bookshop, Enchanting.

Ich stecke es vorsichtig in meinen Rucksack und nehme mir vor, es erst bei meiner Rückkehr nach Deutschland zu öffnen – quasi als Dessert zu meinem opulenten Buchhandelsmenü.

Mein nächstes Ziel befindet sich so gut wie nebenan:

Gould's Book Arcade

 32 King Street, Newtown NSW 2042

Als ich das sandfarbene Gebäude auf der King Street betrete, dessen Fassade der eines Saloons aus klischeebeladenen Westernfilmen gleicht, muss ich unweigerlich an einen Erfahrungsbericht aus dem Internet denken, der mir vor Kurzem begegnet ist und dessen Autor hier von einem Buchhandels-Äquivalent zu Narnia spricht. Und beim Betreten von Gould's Book Arcade weiß ich, was er meint: Ich fühle mich dezent überfordert inmitten eines Multiversums verschiedener Welten gefangen.

Tatsächlich befinde ich mich jedoch in einer riesigen Halle, in der auf den ersten Blick keine Orientierung möglich scheint. Als halbwegs gesicherte Erkenntnis gelten nur folgende zwei Dinge: Erstens, die insgesamt drei Etagen sind über rote Metalltreppen miteinander verbunden. Zweitens, die Buchhandlung beherbergt sehr, sehr viele Bücher und präferiert für deren Präsentation offenbar das Chaosprinzip.

Zögerlich schreite ich durch die schmalen Gassen aus langen grauen Bücherregalen, die bis zum Bersten befüllt sind und auf denen zahlreiche Kisten mit weiteren Büchern lagern. Nach und nach arbeite ich mich durch die verschiedenen Abteilungen und Stockwerke, die mit allerhand kuriosen Entdeckungen zu überraschen wissen. So stoße ich auf Bücher mit unfreiwillig komischen Titeln wie *Helpful Hints for Housewives – A treasury of tips for the model housemaker* (Benjamin Darling). Daneben gibt es Magazine, Schallplatten, VHS-Kassetten sowie ein Zeitungsarchiv.

Mein Lieblingsfundstück: Inmitten der größten Gebrauchtbuchhandlung Australiens, in der scheinbar kein Platz ungenutzt bleibt und jeder noch so kleine Freiraum mit Bücherstapeln ausgefüllt wird, findet sich ein schmaler Gang, der auf ein Fenster an der Rückseite zuführt. Auf einer Breite von knapp einem Meter liegt ausnahmsweise kein einziges Buch

herum; stattdessen bittet ein Hinweisschild um Nachsicht: »Cat Pathway – No books here please«.

Kaum in Worte zu fassen: Bei Gould's Book Arcade findet sich niemand auf Anhieb zurecht – doch genau das macht die Faszination dieses Ortes aus.

Nach Beendigung meines Streifzugs, bei dem mir jegliches Zeitgefühl abhandengekommen ist, schlendere ich zum Tresen nahe des Eingangs, hinter dem Natalie, die Tochter des Gründers, gerade neue Bücher in das System einbucht. Von ihr erfahre ich nicht nur, dass hinter dem riesigen Angebot Kalkül steckt (»Mein Vater war sich sicher, dass die große Auswahl für nahezu jeden etwas bietet«), sondern auch die tragische Geschichte hinter Gould's Book Arcade.

Bob Gould, Natalies Vater, eröffnete zwischen 1967 und 1988 immer wieder Buchhandlungen in Sydney, bis sich endlich das Ladenlokal am heutigen Standort etablierte und nicht nur zur größten

Gebrauchtbuchhandlung des Landes avancierte, sondern auch zu einer wahren Institution wurde. Das lag zum einen an der eigenwilligen Präsentation des Sortiments, die der TimeOut-Reiseführer mit »Ein Wirbelsturm würde keinen besseren Job verrichten« übertitelt, zum anderen aber vor allem an Bob selbst, der für seine meinungsstarke Kritik an der australischen Einmischung in den Vietnamkrieg einst sogar verhaftet wurde.

Die Tragik an der Geschichte: Das, was die Buchhandlung auszeichnet, wurde ausgerechnet ihrem Gründer zum Verhängnis. 2011 erlag Bob den Verletzungen, die er sich bei einem Sturz zugezogen hatte, als er in einer der höher gelegenen Regalflächen Ordnung schaffen wollte ...

Weitere besuchte Buchhandlungen Sydneys im Kurzporträt:

Harry Hartog

 Shop 5036, 500 Oxford Street, Bondi Junction NSW 2022

Bondi Junction ist ein kleiner Stadtteil Sydneys, ungefähr fünf Kilometer östlich der Innenstadt sowie in Laufdistanz zum Bondi Beach gelegen. Im fünften Stockwerk des dortigen Einkaufszentrums, dem Westfield Bondi Junction, findet sich eine kleine Dependance des regionalen Indiebuchhändlers Harry Hartog, die durch ihre Lage im Eckbereich der Mall schon vom Haupteingang aus zu sehen ist.

In den zwei edlen Schaufensterbögen aus dunklem Nussbaum wird zum einen das Gesamtwerk um *Harry Potter* präsentiert, zum anderen die aktuellen Literaturempfehlungen der Buchhändler, die seitenlange Empfehlungsschreiben begleiten. Zwischen beiden Fenstern führt ein breiter Durchgang in die Buchhandlung hinein, in deren Mitte ein Segelboot steht. Es dient einerseits als Präsentationsfläche und greift zum anderen den nahenden Vatertag auf, indem es passende Geschenkideen liefert: Rucksäcke, Notizbücher, Thermoskannen, Grillbücher und Krimis von John Le Carré.

Mit ihren hohen dunklen Decken und den gleichfarbigen Wänden und Regalen, die warm ausgeleuchtet werden, kommt die Buchhandlung ausgesprochen elegant daher, was sich gleichfalls im Sortiment widerspiegelt. Neben Büchern, zu denen aufwendig gestaltete Bildbände zählen, werden hochwertige Ledertaschen, Kalender und sogar Sitzmöbel angeboten.

Besonders schön: Harry Hartog versteht sich als sozialer Treffpunkt, weswegen regelmäßig ganztägige »Round Table«-Veranstaltungen abgehalten werden, bei denen wildfremde Menschen aufeinandertreffen und miteinander über Bücher diskutieren, Ideen schmieden oder Projekte anschieben.

... schon gewusst? Eine missglückte Überraschung

Autogramme des Bestsellerautors Stephen King gelten als Rarität und werden im Internet zu Unsummen gehandelt. Als King 2007 die Dymocks-Buchhandlung in Alice Springs als Kunde besuchte, wollte er Abhilfe schaffen und signierte heimlich die von ihm vorrätigen Bücher. Dumm nur, dass er dabei von einem anderen Kunden beobachtet wurde, der King nicht erkannte und den Inhaber alarmierte. King wurde gestellt und konnte die Sache aufklären. Der Kunde erwarb später eines der signierten Exemplare.[6]

Berkelouw Paddington Bookshop & Cafe

 19 Oxford Street, Paddington NSW 2021

Die Berkelouw-Buchhandlung im Paddington-Viertel findet sich schräg gegenüber vom Ampersand Cafe & Bookstore, wobei die Architektur des Gebäudes aus der gesamten Peripherie heraussticht: Herrschen in der unmittelbaren Nachbarschaft beinahe ausschließlich Geschäftshäuser im viktorianischen Baustil vor, handelt es sich bei der Berkelouw-Buchhandlung um einen modernen Neubau. Auf der Ecke Oxford Street/Verona Street gelegen, begeistert das Gebäude im Übergang der beiden Straßen mit einer abgerundeten Schaufensterfront, die übergangslos bis ins zweite Obergeschoss hinaufreicht, wo sich das hauseigene Café befindet, von dem aus man eine schöne Aussicht auf die Oxford Street genießen kann.

---

6 http://www.cbc.ca/news/entertainment/stephen-king-mistaken-for-vandal-in-australian-bookstore-1.640677

Oben Bei Harry Hartog gibt es nicht nur Regale und Tische mit Buchpräsentationen, sondern sogar Boote mit Literaturempfehlungen.
Unten Schräge Regalwände, knarrende Dielenböden: Das Antiquariat von Berkelouw Books hat sich seinem Titelangebot angepasst.

Die Außenwand des zweiten Obergeschosses ist eine dunkle, glattgestrichene Betonfläche, in die ein einziges Fenster eingefasst ist. Diese optische Trennung vom unteren Teil des Gebäudes spiegelt sich auch im Sortiment des renommierten Familienunternehmens wider, das 1812 in Rotterdam gegründet wurde und nach dem zweiten Weltkrieg nach Australien übersiedelte. Die lichtdurchfluteten unteren Ebenen der Buchhandlung führen helle, moderne Regalreihen mit einem breiten Sortiment an Romanen, Sachbüchern, Geschenkartikeln und Postkarten. Im ersten Obergeschoss kommt das loftähnliche Café hinzu, dessen Tische und Stühle auf der ganzen Etage verteilt sind.

Im zweiten Obergeschoss erwartet den Besucher hingegen eine gänzlich andere Welt, zu der eine Wendeltreppe hinaufführt, deren Seitenwände von Zeitungsausschnitten beklebt sind, die die Geschichte des Unternehmens nacherzählen. Oben angekommen, betritt man auf knarrendem Dielenboden schmale Gänge zwischen antiken, leicht angeschrägten Regalwänden aus dunklem Holz, in denen Gebrauchtbücher ausgestellt sind. Eine Vitrine präsentiert besonders wertvolle Exemplare. Die Decke ist hier – im Gegensatz zu den unteren Stockwerken – nicht schwarz gehalten und mit modernen Halogenspots ausgestattet, sondern flackernde Röhrenleuchten sorgen für den Charme eines urgemütlichen Bücherorts, der mit seinen alten lederbespannten Stühlen zum Lesen einlädt. Einfach nur schön!

Gertrude & Alice Cafe Bookstore

 46 Hall Street, Bondi Beach NSW 2026

Das Buchcafé befindet sich nur einen Steinwurf vom beliebten Bondi Beach entfernt und ist nach dem amerikanischen Paar Gertrude Stein und Alice B. Toklas benannt, das sich Anfang des 20. Jahrtausends in Paris niederließ und das künstlerische Leben dieser Zeit entscheidend mitprägte.

Eine kleine Terrasse auf dem Trottoir hält zwei Sitzbänke und ein großes Bücherregal bereit und schützt ihre Besucher dank einer Markise vor

Regen oder zu viel Sonnenschein. Dahinter liegt der Eingang in diesen besonderen Laden, der eine Mischung aus Café, Wohnzimmer und Buchhandlung ist und aus mehreren kleinen Räumen besteht. Im vorderen Bereich reichen über eine große Theke hinweg gut gelaunte Mitarbeiter diverse Salate, Suppen, Sandwiches und Kuchen, dazu gekühlte Drinks und Kaffee aus Guatemala bis Brasilien. Rechts davon beginnen die hölzernen Regalwände, die als persönliche Empfehlungen ausgewiesene Romane beinhalten, Reiseführer und ein großes Sortiment an Penguin-Titeln.

Dahinter beginnt die eigentliche Buchhandlung mitsamt ihrer ureigenen Gemütlichkeit. Lange Regalreihen, in denen die Bücher oft in zwei oder gar drei Reihen voreinander einsortiert sind, dominieren die Räume, in deren Mitte lange Tische stehen und von Stühlen, Sesseln und Sofas gesäumt werden. Das Licht ist leicht gedimmt und unterstreicht die angenehme Atmosphäre, die von dem Gesamtbild ausgeht. Hier gibt es keine Einzeltische, sondern ein stetes Miteinander: Junge Backpacker sitzen neben ergrauten Senioren und genießen das Essen bzw. verlieren sich in ihrer Lektüre, und mitunter wird auch leise diskutiert.

The Mitchell Building / State Library of New South Wales

🧭 Macquarie Street, Sydney NSW 2000

Die Bibliothek des Staates New South Wales hat ihren Standort nur unweit des Hafens von Sydney. Im Jahre 1826 erbaut, ist sie die älteste Bibliothek Australiens. Zu dem staatlichen Komplex, der über sechs Millionen Objekte versammelt und mit seinen massiven Säulen im Eingangsbereich geradezu wie ein griechisch-römischer Tempel anmutet, gehören verschiedene Bereiche, die zum Teil unterirdisch verlaufen.

Mich weiß vor allem das Mitchell Building zu begeistern. Seinen Namen verdankt das Gebäude nämlich David Scott Mitchell, 1836 in Sydney geboren, der sich dem Sammeln von Büchern widmete, die nach seinem Tod (1907) in den Besitz der Bibliothek übergingen. Da diese zu Beginn des 20. Jahrhunderts ein Platzproblem hatte und auch Mitchell selbst Bedingungen stellte, baute man dieses neue Gebäude, das 1910 eröffnet wurde. Mitchells Sammlung umfasste bei seinem Tod mehr als vierzigtausend Bücher (Literaturempfehlung: *Book Life. The life and times of David Scott Mitchell* von Eileen Chanin). Darüber hinaus beeindrucken mich die Optik und die Atmosphäre dieses Ortes. Obwohl das Mitchell Building bei meinem Besuch eigentlich geschlossen ist, führt mich ein Sicherheitsmitarbeiter der Bibliothek auf die obere Ebene des riesigen Lesesaales, wo ich von einem Balkon aus die gesamte Szenerie überblicken kann. Unter der leicht kuppelförmigen Glasdecke, die weiß-bläulich gefärbt ist, erstreckt sich zunächst eine Wabenstruktur, die schließlich in ein dreistöckiges begehbares Bücherregal übergeht. Darunter, in einem riesigen Saal, finden sich 220 Lese- und Arbeitsplätze mitsamt hölzerner Schreibtische, die der ursprünglichen Ausstattung entsprechen und im Originalzustand erhalten werden. Mann, könnte ich hier täglich sitzen, würde ich vermutlich viel mehr Bücher schreiben. ☺

... schon gelesen?

Empfehlenswertes australischer Autoren:
Der schmale Pfad durchs Hinterland, Richard Flanagan
Sieben Seiten der Wahrheit, Elliot Perlman
Das Rosie-Projekt, Graeme Simsion
Noch so eine Tatsache über die Welt, Brooke Davis
Fließsand oder Eine todsichere Anleitung zum Scheitern, Steve Toltz
Weite Welt: Australische Geschichten, Tim Winton

Wo es eine Stadt der Bücher gibt, Buchhändler ein Quiz absolvieren müssen und in Buchhandlungen geheiratet wird

---

11. Kapitel

USA

Wenn The Last Bookstore für Hochzeiten gebucht wird, lassen sich die Frischvermählten gerne vor der Kulisse des »Book Loops« fotografieren.

Als ich im Nachgang meines Besuchs der State Library von New South Wales noch den Hafen Sydneys besuche, um das Lichtermeer der Stadt zu bewundern, das den Port Jackson nachts umgibt, gerate ich unerwartet in einen Regenschauer, der mich derart durchnässt, dass ich – zurück im Hostel – erst einmal meine Schuhe in den Trockner stecke. Erfahrungswert: Das hilft nichts! Und so mache ich mich am nächsten Morgen, als ich dem australischen Winter nach gerade einmal vier Tagen schon wieder den Rücken kehre, mit nassen Füßen auf den Weg zum Flughafen.

Nach einem kurzen Zwischenstopp auf Fidschi, der mit dem dortigen Sonnenuntergang zusammenfällt und nicht nur den Himmel, die umliegenden Inseln sowie den gesamten Südpazifik in ein glutrotes Leuchten verwandelt (umwerfend!), erreiche ich schließlich **Los Angeles** und muss mich einer verstörenden Erkenntnis stellen: Der extremen Zeitverschiebung sei Dank, hat der 12.000-Kilometer-Flug gerade mal 25 Minuten gedauert! Mir fällt der verrückte deutsche Rechenkünstler ein, der 2015 seinen eigenen Geburtstag auf 46 Stunden verlängerte, indem er von Neuseeland über Australien nach Hawaii flog und nun im *Guinnessbuch der Rekorde* steht.

Die Stadt der Engel präsentiert sich mir auf Anhieb gut gelaunt und sehr entspannt, wozu maßgeblich die Fahrerin des silbernen Shuttlebusses beiträgt, der zwischen Flughafen und Hollywood Boulevard hin- und herpendelt. Im Nebenberuf scheint sie als Alicia-Keys-Imitatorin zu arbeiten. Anders kann ich es mir nicht erklären, dass sie während der knapp einstündigen Fahrt durch die kalifornische Mittagssonne, die uns auf den größtenteils palmenbewachsenen Landstraßen begleitet, nonstop die größten Hits der US-Sängerin vorträgt, der sie jedoch eher optisch denn stimmlich ähnelt. Als wir den Nordwesten von Los Angeles erreichen, entlässt sie uns kaugummikauend auf den Sunset Boulevard, wo sich in einer Seitenstraße das Hostel befindet, das ich bereits vor dem Abflug buchen musste, um bei der Einreise eine Besuchsadresse vorweisen zu können.

Nach einem kurzen Power-Nap mache ich mich am Abend auf den Weg zur Metrostation Hollywood-Vine, von wo aus ich stadteinwärts fahre. Kaum einhundert Meter von der Station Pershing Square entfernt, finde ich mein erstes US-Buchhandelsziel:

The Last Bookstore

🌐 453 S Spring Street, Los Angeles, CA 90013

Von Bars und Restaurants eingerahmt, ist die Buchhandlung in einem grauen Betonblock beheimatet, der nur in den unteren beiden Stockwerken gewerblich genutzt wird, während sich in den Obergeschossen Wohnräume befinden. Unmittelbar an der Kreuzung Spring Street/5th Street gelegen, handelt es sich um ein Eckgebäude, in dem früher eine Bank ansässig war, deren Charakter man nicht nur erhalten, sondern sich sogar zu eigen gemacht hat, wie ich später feststelle.

Im Parterre sind große Schaufenster in bronzefarbene Rahmen eingefasst, die jedoch keinen Blick in die Buchhandlung gewähren, sondern von der Innenseite zugestellt sind; stattdessen leuchtet der Name der Buchhandlung in Form von roten LED-Schriftzügen die Fenster aus.

Offizielle Adresse der Buchhandlung ist die Spring Street, auf der sich jedoch nur der Lieferanteneingang befindet. Besucher und Kunden gelangen durch einen hohen Torbogen in der 5th Street in die Buchhandlung hinein – das heißt, erst einmal nur in ein Foyer, in dem mich ein junger Mann bittet, meine Tasche abzugeben, wofür ich im Gegenzug einen Abholschein erhalte. Erst dann darf ich durch eine weitere Tür The Last Bookstore betreten. Und bleibe wie angewurzelt stehen. Unlängst setzte das *Flavorwire Magazin* den Laden auf die Liste der »20 schönsten Buchhandlungen der Welt«, und nun weiß ich, warum.

Vor mir eröffnet sich ein riesiges Atrium, das sicherlich 1.500 Quadratmeter misst und dessen zehn Meter hohe Decke insgesamt sechs massive ionische Säulen tragen. Zu deren Füßen schlängeln sich schwarze

Oben Das Erdgeschoss von The Last Bookstore ist offen gestaltet und bietet zwischen den Regalreihen immer wieder gemütliche Sitzmöglichkeiten an.
Unten Architektonische Verrücktheiten: Aus 18 Bücherstapeln wurde ein Durchgang gestaltet, der durch das sogenannte Labyrinth führt.

Regalreihen, die doppelseitig befüllt sind, schräg durch den Raum. Auch an den Wänden ringsum wandern schwarze Bücherregale entlang. Die Säulen in der Mitte des Raumes bilden ein Spalier für eine Reihe aus hölzernen Präsentationstischen, die auf eine Bühnenempore zulaufen, auf der – da gerade keine Veranstaltung stattfindet – zwei Lesesofas aus dunklem Leder für die Kunden bereitstehen.

Vom Atrium aus gelangt man in normale Räume, deren Decken nur halb so hoch sind. Zur Straße hin liegt die Musikabteilung, die größtenteils Vinyl-Alben führt, während die andere Seite des Raumes das Herz eines jeden Lesers höherschlagen lässt. Neben einer Spezialabteilung für Comics und Kinderbücher spiegelt sich in einem dritten Bereich die Historie des Gebäudes wider: Eine schwere Eisentür führt in den ehemaligen Tresorraum, in dem heute antiquarische Bücher angeboten werden. Überhaupt finden sich in der gesamten Buchhandlung zahlreiche Gebrauchtbücher, weshalb sich The Last Bookstore mit rund 250.000 Büchern und Schallplatten auf 2.500 Quadratmeter Fläche die größte Neu- und Gebrauchtbuchhandlung Kaliforniens nennen darf.

Wie ich von Katie, einer jungen Buchhändlerin, erfahre, ist das Geschäft dabei stetig gewachsen: 2005 eröffnet, hat sie nun schon zum dritten Mal ein neues, größeres Zuhause bezogen.

»Apropos«, meint Katie, während sie sich über den Kassentresen lehnt, der aus Büchern gefertigt ist, »hast du denn schon das Obergeschoss gesehen? Dort hast du nicht nur einen tollen Ausblick, sondern ... ach, lass dich einfach überraschen.«

Gesagt, getan: Hinter einem weiteren Tresen, der dem Ankauf von Büchern dient, führt eine Treppe in das Obergeschoss hinauf, das zunächst wie ein schmaler Balkon um das Atrium herumführt und dann in eine eigenständige Ebene übergeht. Hinter einer Kunstinstallation, die fliegende Bücher zeigt, durchquere ich kleine Ateliers regionaler Künstler, bevor ich mich in einem wahren Buchlabyrinth wiederfinde. Endlose Regalreihen, die hier vor allem historische Titel und Sachbücher bereithalten, formen ein Gängewirrwarr, das irgendwann vor einer großen

Regalwand endet, die mir knallbunt entgegenleuchtet: das »Rainbow Shelf«. Es führt ausschließlich Hardcover-Titel, die nach nichts anderem sortiert sind als der Farbe ihres Buchrückens. Also, wenn Sie im The Last Bookshop nach einem bestimmten Buch suchen, recherchieren Sie schon mal die Farbe des Umschlags …

Bücher (was sonst?) rahmen einen schmalen Steg ein, der mich in einen weiteren Raum führt, wo mich die nächste Sehenswürdigkeit staunen lässt: der »Book Loop«. Dabei handelt es sich um eine Wand aus Büchern, durch deren Mitte man durch eine kreisförmige Aussparung einen Blick in den nebengelegenen Raum werfen kann. Dieses Fenster scheint ein beliebtes Fotomotiv zu sein – nacheinander posieren mehrere Touristen davor und dahinter und winken zwischen den Büchern hindurch fröhlich in die Kamera.

Als ich irgendwann wieder im Erdgeschoss lande und dort entdecke, dass die Buchhandlung sogar eigene T-Shirts und Taschen produziert, verrät mir Katie, dass der »Book Loop« auch abseits der regulären Öffnungszeiten das beliebteste Fotomotiv ist. Die Buchhandlung kann für besondere Anlässe nämlich angemietet werden, was vor allem für Hochzeiten gern genutzt wird; dabei lassen sich die Paare am liebsten durch das Bücherfenster im Obergeschoss fotografieren.

Der Name, The Last Bookstore, ist übrigens ironisch zu verstehen und wurde deshalb so gewählt, weil man sich in Zeiten des Internethandels und der stetig schwindenden Buchhandelsanzahl beinahe wie ein Dinosaurier der Neuzeit vorkam, als man das Unternehmen gründete. Dementsprechend lautet der Claim der Buchhandlung: »What are you waiting for? We won't be here forever.« – Es bleibt zu hoffen, dass dies eine leere Drohung ist …

Eine weitere besuchte Buchhandlung in Los Angeles im Kurzporträt:

Skylight Books

 1818 N Vermont Avenue, Los Angeles, CA 90027

Skylight Books liegt in einem der angesagtesten Viertel von Los Angeles: Los Feliz, das hip und doch elegant, bunt sowie gemütlich daherkommt. Den ungefähr drei Kilometer langen Weg dorthin lege ich zu Fuß über die Franklin Avenue zurück, die parallel zum Hollywood Boulevard verläuft und mich nur sehr langsam vorankommen lässt – *zu* schön sind die Aussichten und Eindrücke, die mir hier immer wieder begegnen. Entlang der Straße wachsen Palmen und Akazien, die in kleine Vorgärten von Einfamilienhäusern sowie grüne verkehrsberuhigte Siedlungen übergehen. Je weiter es in Richtung Norden geht, desto größer und sichtgeschützter werden die Grundstücke; hier wohnt viel Prominenz.

Die Vermont Avenue führt schließlich direkt von der Hauptstraße ab, wo sich kleine Cafés und das Theater Los Feliz finden, neben dem Skylight Books liegt. Bevor ich mich der Buchhandlung widme, genieße ich allerdings die Aussicht. Im Norden zeichnen sich die östlichen Ausläufer der Santa Monica Hills sowie am Horizont der Griffith Park ab, dazwischen erahne ich vage den berühmten Schriftzug der Hollywood Hills.

Skylight Books liegt im Schatten eines großen Baumes und besteht inzwischen aus zwei Teilen, die nicht direkt miteinander verbunden sind, sondern von einem schmalen Hof getrennt werden. Die Fassade des linken Gebäudes ist dunkelgrau und fasst auf voller Breite eine Schaufensterfläche ein, in der aktuelle Neuerscheinungen ausliegen. Betritt man die Buchhandlung, wird schnell klar, woher sie ihren Namen hat: Vier quadratische Fenster im Kuppeldach sorgen für Beleuchtung direkt aus dem Himmel.

Für mich ist sofort klar, wo ich die nächsten Stunden verbringen werde, denn der große Verkaufsraum ist mit seinen orangeroten

Backsteinwänden überaus gemütlich. Im Zentrum der Buchhandlung, direkt unter den Fenstern zum Himmel, wächst ein gut sechs Meter hoher Baum in die Höhe, um dessen Stamm eine Sitzbank führt. Ringsherum bieten doppelseitig befüllte Regalreihen ein breites allgemeines Sortiment an, das neben französischsprachigen Titeln auch eine eigene Abteilung über die Schriftstellerei umfasst.

Das zweite Gebäude von Skylight Books fällt deutlich schmaler und kleiner aus; hier gibt es Kunst- und Fotografiebücher, DVDs sowie Graphic Novels. Und Franny, eine schwarzbraun-gefleckte Katze, die nach J. D. Salingers Roman *Franny und Zooey* benannt und das Maskottchen der Buchhandlung ist. Nachdem ich sie hinter den Ohren gekrault und sie zu ihrem formidablen Zuhause beglückwünscht habe, treffe ich Rameo, Buchhändler und ausgesprochene Frohnatur, der bis vor zehn Monaten am anderen Ende der Westküste bei einem meiner späteren Reiseziele gearbeitet hat: **The Elliott Bay Book Company**. Gut eine Stunde unterhalten wir uns über das Reisen und amerikanische Buchhandlungen. Dazwischen schwärmt mir Rameo von den Veranstaltungen vor, die Skylight Books regelmäßig abhält.

»Der Eintritt ist grundsätzlich frei – wir geben die begrenzten Gratistickets beim Vorabkauf der entsprechenden Bücher aus. Und es gibt immer kostenlose Drinks sowie gute Laune«, fügt er an. »In dieser Woche erwarten wir zum Beispiel die Punkrock-Legende Keith Morris mit seiner Biografie *My damage* ... das wird ein Spaß!«

»Das glaube ich gern«, sage ich. »Ich hoffe, dass ich im Laufe meiner US-Reise auch eine Veranstaltung besuchen kann.« Irgendwann verabschiede ich mich mit dem Versprechen, Rameos ehemalige Kollegen in Seattle zu grüßen.

Am nächsten Tag fahre ich mit dem Pacific Surfliner, der die US-Westküste entlanggondelt, von Los Angeles nach Ventura bis **Ojai**. Die Fahrt dauert zwei Stunden, und als ich die Küstenstadt erreiche, die etwa auf halber Strecke zwischen Malibu und Santa Barbara liegt, bin ich der einzige

Im Zentrum von Skylight Books wächst ein Baum in die Höhe, um dessen Stamm sich eine hölzerne Sitzbank formt, die zum Lesen und Verweilen einlädt.

Besucher, der *nicht* die weltbekannten Surfstrände ansteuert, die mit palmenbewachsenen Promenaden, azurblauem Meer, einer sanften Brise und ganz viel Sonne locken.

Der öffentliche Personennahverkehr scheint nicht auf Touristen wie mich vorbereitet zu sein, denn ich warte beinahe eine Stunde auf den regionalen Bus, der mich ins Landesinnere bringen soll, wo das nächste Buchhandelsziel auf mich wartet:

Bart's Books

 302 West Matilija Street, Ojai, CA 93023

In Ojai geht es ruhig und übersichtlich zu. Die kleine Ortschaft im Ventura County hat gerade einmal achttausend Einwohner und liegt unmittelbar neben dem Los-Padres-Nationalpark, der grünen Lunge Kaliforniens, die sich über siebentausend Quadratkilometer erstreckt. In Ojai selbst dominieren eher Sandtöne. Entlang der Hauptstraße, der West Ojai Avenue, haben sich sporadisch Lehmbauten angesiedelt, die allesamt ein terrakottafarbenes Ziegeldach tragen: ein Supermarkt, ein Café, noch ein Café, eine Weinkellerei, ein Fahrradverleih ...

Trotz seiner Beschaulichkeit hat der Ort etwas Einzigartiges zu bieten: Biegt man von der Hauptstraße auf die Canada Street ein, erblickt man nämlich mit Bart's Books die größte Freiluftbuchhandlung *der Welt!*

Schon die Außenansicht lässt mich in Verzückung geraten: An der Fassade von insgesamt fünf aufeinanderfolgenden Häusern stehen offene Bücherregale, die randvoll befüllt sind und von einem hervorstehenden Flachdach oder einer Markise vor der starken Sonneneinstrahlung geschützt werden. Im mittleren Gebäude führt eine rote Metalltür in die eigentliche Buchhandlung »hinein«. »Open 7 Days a week from 9:30 – sunset«, steht auf einem Hinweisschild seitlich daneben – und: »When closed, please throw coins in the slot in the door for the amount marked on the book. Thank you.« Das ist mal Vertrauen in die Kunden!

Als ich die Tür passiert habe, traue ich meinen Augen kaum: Ich stehe inmitten eines riesigen Hofes, der in den Wänden ringsum Bücher führt, während im inneren Teil Regalwände aus Kirschholz stehen. Sie werden allesamt von weißem Wellblech überdacht, das ein wenig hervorsteht, um Lichtschutz zu gewähren. Grüne Sonnensegel und Schirme überspannen die Freiflächen zwischen den Regalen, in deren Schatten Stühle und Tische zum Lesen einladen.

Gleich gegenüber dem Eingang steht ein Gebäude mit einem Tresen davor, der die Kasse darstellt. Ein Mann, vielleicht Mitte vierzig, der nicht nur einen schönen blauen Anzug trägt, sondern auch eine auffallende Ähnlichkeit mit Nicholas Sparks hat, begrüßt mich freundlich und erkundigt sich, ob ich mich umschauen möchte oder etwas Bestimmtes suche. Als ich ihm den Anlass meines Besuches erkläre, reicht er mir die Hand. »Wow, was für eine Reise«, sagt er. »Ich bin Matt, der Inhaber hier. Komm, ich zeige dir alles.« Während er um den Tresen herumtritt, um mich persönlich herumzuführen, erzählt er mir die Geschichte seiner Buchhandlung. »In den Sechzigerjahren erstickte ein gewisser Richard Bartinsdale in seinem Haus an viel zu vielen Büchern, sodass er sich 1964 dazu entschloss, Regale an seine Außenfassade zu montieren. Die ausgestellten Bücher konnte jeder Passant entnehmen und im Gegenzug den entsprechenden Kaufpreis in eine Kaffeekanne werfen. Es nannte sich ›Honor System‹ und funktioniert bis heute, wie du gesehen hast. Das Ganze lief sehr gut, sodass sich Richard auf den An- und Verkauf von Büchern spezialisierte, denen er schon bald noch mehr Platz einräumte. Zunächst die Garage, dann einzelne Räume des Hauses – und heute ist es ein ganzer Gebäudekomplex, der über unzählige Freiluftregale miteinander verbunden ist und Besucher aus der ganzen Welt anlockt.«

»Ach so«, sage ich, »ich hab mich schon gefragt, warum eine Ortschaft mit gerade mal achttausend Einwohnern die größte Freiluftbuchhandlung der Welt betreibt.«

»Tja«, lacht Matt amüsiert, »wenn nur die Einwohner unsere Kunden wären, würde sich das natürlich nicht rentieren. Ojai lebt aber in erster Linie vom Tourismus, und inzwischen gelten wir als Attraktion. Heute haben wir rund 150.000 Bücher vorrätig, die von günstigen Fünfzig-Cent-Romanen bis zu antiquarischen Schätzen reichen.«

Und tatsächlich: Als wir die Galerie ansteuern, ein Gebäude im linken Teil des Hofes, entdecke ich ein Exemplar der US-Erstausgabe von Jane Austens *Northanger Abbey*, das man für sechstausend Dollar kaufen kann.

Übrigens wurde der ursprüngliche Charakter sämtlicher Räume bestmöglich beibehalten; beispielsweise befindet sich in der ehemaligen Küche nun die Kochbuchabteilung. Und auch die Buchhändler tragen allesamt auf ihre Weise dazu bei, Bart's Books – in jedweder Hinsicht – zu einem einzigartigen Ort zu machen. So fertigt einer der Kollegen aus den Buchseiten stark beschädigter Bücher Lesezeichen-Unikate, von denen ich spontan drei Stück kaufe; ein anderer rief Veranstaltungsreihen wie die »Summer Poetry Sessions« ins Leben.

Die größte Outdoor-Buchhandlung der Welt: Wer Bart's Books im kalifornischen Ojai besucht, möchte nie wieder gehen: Bücher und Sonne satt.

Unter dem Eindruck von so vielen Besonderheiten vergesse ich bei meinem Abschied – rund drei Stunden später – zunächst mein Gepäck, was mir erst fünfzehn Minuten später auffällt. Als ich einigermaßen sorgenvoll zur Buchhandlung zurückkehre, werde ich bereits erwartet.

»Keine Bange, hier kommt doch nichts weg«, meint Matt lachend und deutet dabei auf die Bücherregale an der Außenfassade. »Vor einigen Jahren hatten wir sogar ein japanisches Filmteam hier, das eine Doku über unser ›Honor System‹ drehte.«

In der Nacht geht es mit einem Greyhound-Bus weiter die Westküste hinauf, während ich mich um etwas Schlaf bemühe. Allerdings bin ich nur mittelmäßig erfolgreich, sodass sich meine Freude in Grenzen hält, als wir San Francisco bereits um 4.30 Uhr in der Früh – und damit deutlich vor dem Plan – erreichen. Da ich mein gebuchtes Zimmer in einem Hostel am Union Square erst am Mittag beziehen kann, schlendere ich zunächst zum Pier hinaus, das genauso menschenleer ist wie die drei Häuserblöcke auf dem Weg dorthin. Ein völlig neues Gefühl: Werde ich normalerweise bei der Ankunft in einer neuen Stadt von Eindrücken und Menschenmassen erschlagen, so habe ich San Francisco heute ganz für mich.

Als ich die Embarcadero erreiche, die Straße, die außen am Pier entlangführt, habe ich freien Blick auf die Golden Gate Bridge, die (auch) im Morgengrauen ein wahrhaft spektakuläres Bild abgibt, da sie nahezu vollständig illuminiert ist: Nicht nur die Pylonstiele, auch deren Querriegel geben über die Gesamtlänge der Brücke von fast drei Kilometern ein helles, gleichmäßiges Licht ab, das die Illusion einer schwebenden Fahrbahn erzeugt. Ich genieße diesen Anblick für eine Weile, bevor ich meinen Weg in Richtung Süden fortsetze, vorbei am Baseball-Stadion der Giants, bis ich den Bahnhof King Street erreichte, der bald darauf öffnet.

Auf der Toilette mache ich mich frisch und widme mich anschließend der Lektüre von *Ten Loves*, das ich bei **BooksActually** in Singapur erstanden habe. Gegen Mittag checke ich im Hostel ein, wo ich mir diesmal ein Zimmer mit zwei asiatischen Studentinnen und einer sehr mitteilungsbedürftigen britischen Backpackerin teile. Nach einer erfrischenden Dusche fühle ich mich für den Besuch meiner nächsten beiden Buchhandelsziele gewappnet:

Green Apple Books & Music

⊕ 506 Clement Street, San Francisco, CA 94118

& Green Apple Books on the Park

⊕ 1231 9th Avenue, San Francisco, CA 94122

Zugegeben: Als ich mich im Vorfeld meiner Buchhandels-Weltreise mit San Francisco als möglicher Station befasste, ging es mir dabei in erster Linie um den City Lights Bookstore (siehe Kurzporträt). Auf Green Apple Books bin ich erst in Los Angeles aufmerksam geworden, nachdem ich Buchhändler Rameo von Skylight Books auf eine Tasche zum »Independent Bookstore Day« ansprach und er Green Apple Books als Initiator nannte. Aber natürlich ist die Buchhandlung viel mehr als das. Das Ladenlokal liegt im Richmond Viertel im Norden San Franciscos. Vor dem zweistöckigen Geschäftshaus parken grüne rollbare Bücherwagen mit aktuellen Schnäppchen, die eine ebenso grüne Markise vor der Sonne schützt. Darüber strahlt die weiße Fassade des Hauses, auf der ein großes Bild prangt, das – in Anlehnung an den Namen – einen Apfel im Querschnitt zeigt, der mit Büchern gefüllt ist.

In der Buchhandlung wandert man über Parkettboden zwischen hellen Regalen umher, die das Alter der 1967 von Richard Savoy gegründeten Buchhandlung nicht verhehlen können, was ich unglaublich charmant finde. Vielen Büchern heften sehr ausführliche Empfehlungsschreiben an, und es gibt eine »Hall of Fame«, die die – subjektiv – beliebtesten Bücher aller Zeiten bereithält. Auf Platz eins dieser Bestenliste, die sich nach den Abverkäufen in der Buchhandlung richtet, rangiert von *An indigenous peoples' history of the United States* (Roxanne Dunbar-Ortiz, 2015

Die Fassade von Green Apple Books zeigt einen grünen Apfel im Querschnitt, der vollständig mit Büchern ausgefüllt ist.

mit dem American Book Award ausgezeichnet), gefolgt von *1Q84* (Haruki Murakami). Um keinen Buchtipp zu verpassen, können die Kunden dem „Apple-a-month club" beitreten, mit dem sie ein Abo auf die Lieblingsbücher der Buchhändler abschließen (drei Monate kosten sechzig Dollar, wofür man mindestens einen Titel pro Monat erhält).

Dass die Betreiber des Ladens nicht nur Bücher verkaufen, sondern sie auch wirklich lieben, zeigt sich außerdem an den Zitaten, die überall in die Regalflächen integriert sind; zum Beispiel: »When I get a little money I buy books, and if any is left I buy food and clothes«, Erasmus. Im oberen Teil der Buchhandlung stöbere ich durch den »Granny Smith Room«, der unter anderem Klassiker bereithält, und im hinteren Teil des Untergeschosses blättere ich durch antiquarische

Titel: Charles Dickens in zwanzig Bänden ist aktuell mit fünfhundert Doller ausgepreist.

Absolutes Highlight: Als ich Kevin Ryan, einen der drei Inhaber, auf den »Independent Bookstore Day« anspreche, telefoniert er kurzerhand die Initiatorin, Samantha Schoech, herbei. Von ihr erfahre ich, dass sich die Idee, die 2014 mit dem »California Bookstore Day« begann, inzwischen zu einer nationalen Bewegung entwickelt hat. 2016 nahmen beinahe fünfhundert unabhängige Buchhandlungen aus dem gesamten Land teil. Der »Independent Bookstore Day« wird jedes Jahr am letzten Samstag im April gefeiert. Inzwischen ist es sogar so, dass US-Autoren zu diesem Anlass ihre Lieblingsbuchhandlung unterstützen und vor Ort Bücher empfehlen. Das deutsche Pendant ist die »Woche unabhängiger Buchhandlungen«, die seit 2014 jedes Jahr im November gefeiert wird. Die Briten etablierten die »Books are my bag«-Kampagne in Großbritannien, zu der auch die »Independent Bookshop Week« gehört und die prominente Unterstützer wie Margaret Atwood, Jamie Oliver und Coldplay-Frontmann Chris Martin hat.

Wie mir Kevin dann noch verrät, hat sich die Fläche der Buchhandlung seit ihrer Gründung inzwischen verzehnfacht; 2014 kam sogar eine zweite Buchhandlung hinzu: Green Apple Books on the Park, die sich auf der anderen Seite des Golden Gate Parks befindet und der ich natürlich sogleich einen Spontanbesuch abstatte.

Diese Filiale mutet wie die junge, etwas modernere Schwester an, die dem Charme des Stammsitzes jedoch in nichts nachsteht. Vor dem schmalen Eingang auf der 9th Avenue wirbt eine verschließbare Box mit Schnäppchen offensiv um Leser: »Sale books need love too«, steht handgeschrieben auf dem Deckel. Die ausführlichen Empfehlungsschreiben an ausgewählten Büchern sind hier mit individuellen Zeichnungen versehen.

Vor der Kinderbuchabteilung eröffnet sich eine Art Lesetribüne, die stufenförmig zu einer langen Regalwand emporführt, wobei die Treppen auch als Sitzmöglichkeit in Anspruch genommen werden können. So widmet sich ein junges Mädchen gerade – gemeinsam mit ihrer Oma – dem Buch

In das Erdgeschoss von City Lights ist eine durchgängige Schaufensterfront eingefasst, die einen Blick in die Buchhandlung gewährt.

Women in Science (Rachel Ignotofsky), das fünfzig ausgewählte Biografien von erfolgreichen Frauen kindgerecht nachzeichnet.

Eine weitere besuchte Buchhandlung in San Francisco im Kurzporträt:

City Lights Bookstore

261 Columbus Avenue, San Francisco, CA 94133

City Lights, genau genommen City Lights Booksellers & Publishers, gehört unbestritten zu den literarischen Landmarken der USA. Folgt man dem Broadway in westliche Richtung, so sticht einem an der Kreuzung zur Columbus Avenue unweigerlich das blassrote Gebäude auf der linken

Seite ins Auge, das im Erdschoss aus einer schwarz eingefassten Glasfront besteht. Neben den »neuen und beachtenswerten Büchern«, die dort ausliegen, klärt ein Schaukasten über die außergewöhnliche Geschichte dieses Literaturortes auf:

Von seinem Freund George Whitman und der Pariser Buchhandlung Shakespeare & Company inspiriert, eröffnete Lawrence Ferlinghetti den City Lights Bookstore 1953 als Ein-Zimmer-Buchhandlung. Dabei avancierte der Laden rasch nicht nur zur ersten reinen Taschenbuch-Buchhandlung der USA, sondern Ferlinghetti widmete sich ab 1955 auch dem Verlegen von Büchern, was nicht ohne Folgen bleiben sollte. Ende 1956 veröffentlichte Ferlinghetti *Howl* (Das Geheul), das Debüt von Allen Ginsberg, das ein halbes Jahr später einen Skandal auslösen sollte und Autor, Verlag und Buchhandlung weltberühmt machte. Ferlinghetti und Ginsberg wurden vorübergehend für die Veröffentlichung verhaftet. Man warf dem Buch vor, einen schlechten Einfluss auf die Jugend zu haben. Die Anschuldigungen wurden fallengelassen, doch die Aufmerksamkeit blieb.

Als ich die Buchhandlung betrete, die längst mehr als ein Zimmer umfasst und sich nunmehr über drei Etagen erstreckt, fühle ich mich, als wäre diese Historie rund um die Hochzeit der Beat-Generation greifbar. Nicht nur, dass es Taschen zu kaufen gibt, die das ursprüngliche Cover von *Howl* zeigen, vor allem der »Poetry Room« im Obergeschoss bietet zahlreiche Reminiszenzen an die Vergangenheit: Zwei der Regalflächen führen ausschließlich Beat-Literatur, Zeitungsausschnitte und Fotos aus früheren Zeiten schmücken die hellen Wände zwischen den hölzernen Bücherborden. Heute gehören auch wieder Hardcover-Ausgaben dem Sortiment an.

Besonders gefallen mir die Zitate der Schwesterbuchhandlung Shakespeare & Company, die überall angebracht sind. Zum Beispiel: »Where the streets of the world meet the avenues of the mind« – mit diesen Worten umschrieb George Whitman das Konzept seiner Pariser Buchhandlung.

Als Nächstes steht **Portland** auf dem Programm, das ungefähr tausend Kilometer weiter nördlich – im US-Bundesstaat Oregon – liegt. Da sich die Busverbindungen dorthin als ausgebrochen kleinteilig erweisen, entscheide ich mich für eine U-Bahnfahrt ins benachbarte Oakland, von wo aus ein Amtrak nach Portland fährt. Diese Zugfahrt dauert zwar 18 Stunden, geht aber ohne Umstiege und größtenteils über Nacht vonstatten, was mir eine Übernachtung im Hostel einspart.

Mein Sitznachbar ist der zwanzigjährige Josh, der sich mir als Singer-Songwriter einer Band vorstellt und mit seinen langen, lockigen Haaren eine gewisse Ähnlichkeit mit dem jungen Heath Ledger hat, obgleich er viel zerbrechlicher wirkt. Tatsächlich ist Josh auffallend nett und bietet mir immer wieder Verschiedenes aus seiner Proviantbox an, während wir uns über unsere bisherigen Reisen austauschen. Was er mir *nicht* sagt, durch zwei seiner Telefonate sowie die Körpersprache jedoch offenkundig ist: Er erlebt gerade den schlimmsten Liebeskummer seines Lebens. Als ich am nächsten Nachmittag in Portland aussteige und mich von ihm verabschiede, greife ich nach meiner Buchausgabe von *Ten Loves*, das ich in Singapur gekauft und in San Francisco ausgelesen habe.

»Take your broken heart and make it into art. ~ Carrie Fisher«, schreibe ich hinein, woraufhin ich zum ersten Mal ein zaghaftes Lächeln über sein Gesicht huschen sehe.

Da die Preise für eine Unterkunft in Portland jenseits von Gut und Böse liegen, quartiere ich mich für die nächsten Tage in Troutdale ein, das sich rund zwanzig Kilometer östlich von Portland befindet und mit dem Bus direkt erreichbar ist. Nachdem ich eingecheckt und mir einen Snack am Ufer des Willamette River gegönnt habe, mache ich mich auf den Weg zu meinem ersten Buchhandelsziel, das ich in den kommenden Tagen insgesamt drei Mal aufsuchen werde:

Powell's City of Books

🌐 1005 West Burnside Street, Oregon 97209

Die Buchhandlung liegt im Pearl District, der sich am Rande der Innenstadt befindet, und umfasst einen kompletten Häuserblock, welcher sich von der W Burnside Street bis zur NW Couch Street sowie zwischen der NW 10th und 11th Avenue erstreckt. »Powell's City of Books« steht auf einem der Schaufenster geschrieben, die ringsum das komplette Parterre umschließen und vor allem bei Nacht für ein eindrucksvolles Bild sorgen: Wie ein leuchtender Glaskubus strahlt die Stadt der Bücher aus der gesamten Peripherie hervor. Mit einer kolportierten Gesamtfläche von 1,6 Hektar gilt Powell's als größte Indiebuchhandlung der Welt.

Nicht nur die Größe, sondern vor allem die Ausgestaltung und Atmosphäre machen das Geschäft zu »einer der zehn coolsten Buchhandlungen der Welt«, wie der US-Fernsehsender CNN dem Unternehmen bescheinigt hat. Das vielleicht erstaunlichste Phänomen an Powell's ist wohl die Tatsache, dass die Buchhandlung trotz ihrer Größe nichts an Individualität, Charme und persönlicher Note einbüßt – im Gegenteil.

Ich betrete das Geschäft durch den Haupteingang, über dem eine Leuchtreklametafel im Stile alter Kinos und Theater die nächsten Veranstaltungen angekündigt, und finde mich in einem großen, offenen Raum wieder, der mich an ein literarisches Loft denken lässt. Die holzverkleidete Decke leuchtet mit zahlreichen Halogenspots und Hängeleuchten im Industriestil das komplette Erdgeschoss aus. Die Wände sind mit hellen Holzregalen bestückt, die ebenso wie die Präsentationstische eine breite Auswahl an Produkten bereithalten und zugleich mit kleinen Details überraschen, die einen Vorgeschmack darauf geben, was die Besucher in den einzelnen Abteilungen erwartet: Aktuelle Buchhändlerempfehlungen, Bestseller sowie »neue Bücher zu Gebrauchtpreisen« treffen auf T-Shirts und weitere Devotionalien, die einer eigenen Produktkollektion entstammen.

... schon gewusst?
No deal!

Powell's, das 1971 in Portland eröffnete und heute über fünf Dependancen verfügt, ist auch als großer Gebrauchtbuchhändler bekannt. Pro Tag kauft das Unternehmen rund dreitausend Bücher an. Sogar Amazon-Chef Jeff Bezos soll 1996 angeboten haben, Powell's zum Exklusivlieferant für gebrauchte Bücher zu machen. Powell's lehnte dankend ab. Das Pikante: Ende 2016 eröffnete Amazon seine dritte physische Buchhandlung ausgerechnet in Portland.[8]

Ich entdecke auch eine Sonderpräsentation zum Thema »25 books to read before you die« – ein Gemeinschaftsprojekt der über fünfhundert (!) Powell's-Buchhändler, das Lesetipps aus allen Ländern der Welt umfasst und dabei eine erfreulich vielfältige Auswahl hervorbringt: Es finden sich Klassiker wie Michail Bulgakows *The Master and Margarita* oder *Blindness* (José Saramago) genauso wie unbekannte Perlen der Literatur (zum Beispiel *Love in a Fallen City* der Chinesin Eileen Chang oder der japanische Kurzgeschichtenband *Rashomon (and seventeen other stories)* von Ryunosuke Akutagawa).[7]

Über der weißen Rückwand der Verkaufstheke prangt die eigene Definition von »litmosphere«, worunter man »a lively literary mood permeating the air« versteht, und genau *so* fühlt es sich hier an.

In den hinteren und seitlichen Teilen der Buchhandlung, die ihrerseits in Ober- und Untergeschosse weiterleiten, finden sich insgesamt neun sogenannte Haupträume, die jeweils einer Farbe zugeordnet sind (»Orange Room«, »Blue Room«, ...) und sich in über dreitausend Unterabteilungen aufgliedern. Alles ist derart liebevoll und entdeckungsreich gestaltet, dass ich meinen Besuch über mehrere Tage fortsetzen muss.

Jede Abteilung stellt eine eigene Themenwelt dar, sei es die weitläufige Kinderbuchabteilung im Untergeschoss, in deren Zentrum ein knallbunter Teppich ausliegt, die eigene Abteilung für Selfpublisher, zu der die »Espresso Book Machine« gehört (mit der sämtliche Titel sofort ausge-

---

[7] Die vollständige Liste ist auf http://www.powells.com/post/lists/25-books-to-read-before-you-die-world-edition einzusehen.

[8] http://www.manager-magazin.de/unternehmen/artikel/amazon-buchhandlung-powell-s-city-of-books-in-portland-a-1140767.html

druckt werden können), oder der »Rare Book Room« im Obergeschoss. Letzterer stellt einen separaten Raum dar, in dem dunkle, gediegene Regale aus Padouk von Bibliothekslämpchen

Endlose Gänge: Powell's in Portland heißt nicht ohne Grund »City of Books«: Die Buchhandlung umfasst einen kompletten Straßenzug.

gesäumt werden und den Eindruck eines kostbaren kleinen Antiquariats erzeugen, für das man eine Nummer ziehen muss, bevor man eintreten darf. Als ich an der Reihe bin, staune ich über die Breite des Sortiments. Neben signierten Erstausgaben von John Green für fünfzig Dollar entdecke ich *De Bello Judaico* (Flavius Josephus) aus dem Jahr 1480, das mal eben 12.500 Dollar kostet.

»Wie fühlt es sich an, in diesem Raum und inmitten solcher Bücher arbeiten zu dürfen?«, frage ich die junge Buchhändlerin, die an einem Sekretär im Bereich des Eingangs sitzt.

»Großartig«, entgegnet sie, ohne zu zögern – und fügt mit einem Augenzwinkern hinzu:»Das gilt aber für jede Abteilung hier«. Wie zum Beweis zeigt sie mir ein Gästebuch, in das auch ich mich eintragen darf. »Most amazing book collection ever«, urteilt beispielsweise Amanda G. aus Alaska.

Als ich die Kollegin nach dem wertvollsten Buch frage, das hier jemals verkauft wurde, zieht sie aus dem Sekretär einen Katalog hervor, in dem sie für einige Sekunden blättert, bevor sie eine Abbildung von *Expedition of the Missouri* (Lewis und Clark) aus dem Jahre 1814 präsentiert, dessen Erstauflage in zwei Bänden heute nur noch ein 23-facher Ausführung existiert. Der Preis: 350.000 Dollar.

Bei meinem letzten Besuch laufe ich noch einmal durch die gesamte Buchhandlung, höre Beratungsgespräche mit und bewundere die Kreativität der Buchhändler, mit der sie die Empfehlungskärtchen sowie die Oberschilder der Regale gestalten.»Wenn Ihnen dieses Buch gefiel, könnte Ihnen auch dieses gefallen«, steht auf einem Zettel geschrieben, der verschiedene Bücher im Regal wie ein analoger Empfehlungsalgorithmus miteinander verknüpft.

Am besten gefallen mir jedoch die kleinen Unterkategorien, die innerhalb einer Abteilung für Orientierung sorgen – so gibt es im Jugendbuch beispielsweise die »Cutest Couple '16«. Eine andere Kategorie lässt mich sogar ein tolles Projekt kennenlernen:»OBOB«, das für »Oregon battle of the books« steht und die lokalen Schüler nicht nur zum Lesen von Büchern animiert, sondern auch den Austausch untereinander fördert. Jährlich werden nämlich Bücherlisten für drei Altersstufen erstellt, die an alle interessierten Schulen der Region verschickt werden. Im Laufe des Jahres lesen die Schüler alle aufgeführten Titel – und zum Abschluss treten die Klassen und Schulen in Form eines Bücher-Quiz gegeneinander an.

Zum Andenken an diese außergewöhnliche Buchhandlung kaufe ich mir einen Leinenbeutel mit dem Logo und gönne mir ein mitgrünes T-Shirt: »Powell's – City of Books«.

Eine weitere besuchte Buchhandlung Portlands im Kurzporträt:

Wallace Books

⊕ 7241 Southeast Milwaukie Avenue, Portland, OR 97202

Wallace Books liegt im südöstlichen Teil Portlands, gut zehn Kilometer vom Zentrum entfernt, wo sich das Sellwood-Westmoreland-Viertel anschließt. Diese Region ist relativ ländlich geprägt, wobei das Gebäude, das die Buchhandlung beheimatet, zweifellos in *jeder* Umgebung auffallen würde. In einem begrünten, gepflegten Vorgarten steht ein knallgelbes Einfamilienhaus mit blauen Fensterrahmen und blauen Eck- und Dachbalken, das nicht nur wegen dieser Farbgebung an Schweden erinnert, sondern auch vom Baustil her an das Klischee einer schwedischen Hütte denken lässt. Keines der zahlreichen Fenster gewährt einen Blick in die Buchhandlung, da Bücherstapel auf der Innenseite die Sicht versperren. Drei Stufen führen zur Eingangstür hinauf, hinter der das Foyer der Buchhandlung liegt.

Vor einem Kamin aus Backsteinen befindet sich im Hauptraum ein großer Tresen, an dem Inhaberin Julie Wallace Bücher verkauft oder einkauft – sogar eine Verrechnung mitgebrachter Bücher ist möglich. An die Seitenwände schmiegen sich Bücherregale, davor hält ein großer Tisch aktuelle Empfehlungen bereit, deren Besonderheit auf angehefteten Stickern ausgeführt sind. Über einen kleinen Gang gelangt man in den hinteren Teil der Buchhandlung, der bis unter die Decke mit Büchern gefüllt ist, unter deren Last sich einige Regalböden bedenklich verformen. Der letzte Raum ist ausschließlich Kinderbüchern gewidmet, davor finden sich Romane, Lyrik und Sachbücher. Wer Krimis sucht, ist wiederum gut in der Abstellkammer aufgehoben, die so ausgezeichnet bestückt ist, dass

Wer von außen einen Blick in Portlands Wallace Books werfen möchte, steht vor einer unlösbaren Herausforderung – selbst die Fensterflächen sind zugestellt.

die Bücher teilweise aufeinander gestapelt in Wäschekörben liegen.

Trotzdem wirkt diese Buchhandlung nicht unordentlich oder gar ungepflegt, sondern gemütlich und zugleich entdeckungsreich. Besonders schön sind die Ohrensessel, die überall herumstehen und mit überaus bequemen, samtweichen Polstern locken.

Das letzte Ziel meiner Buchhandelsreise entlang der US-Westküste ist **Seattle**, gut 250 Kilometer nördlich von Portland gelegen. Da die günstigsten Übernachtungspreise bei rund dreihundert Dollar liegen, entscheide ich mich für eine Tagestour per Bus, die im Morgengrauen des zweiten Septembers beginnt. Gegen Mittag erreiche ich die größte Stadt im Nordwesten der USA, die ihrem Beinamen »Rain City« sogleich gerecht wird.

Ohne viel Zeit zu verlieren, steuere ich von der Busstation, die im Südwesten der Stadt liegt, auf das Stadtzentrum zu, wo die Bebauung mit einem Mal deutlich an Höhe gewinnt und zwischen zahlreichen glasverbauten Wolkenkratzern die Space Needle emporragt, ein fast zweihundert Meter hoher Aussichtsturm, dessen Kuppel wie ein Ufo anmutet. In den östlichen Ausläufern des Zentrums finde ich schließlich:

The Elliott Bay Book Company

1521 10th Avenue, Seattle, WA 98122

Eingerahmt von diversen Bars und Cafés sowie direkt gegenüber des Plattenladens Everyday Music gelegen, wirkt die Buchhandlung in der Außenansicht – mit ihrer beigen Betonfassade und den drei vergitterten Schaufenstern – alles andere als spektakulär. Dieser Eindruck ändert sich jedoch grundlegend, sobald man die Buchhandlung betritt und sich in einer großen Halle aus Holz und Büchern wiederfindet. Hier ist so ziemlich alles aus Holz: Auf dem Parkettboden stehen eichenfarbene Bücherregale und Regalwände, die bis knapp unter die Holzbalkendecke reichen, an der ihrerseits metallene Hängeleuchten in symmetrisch angeordneten Bahnen montiert sind. Tagsüber leuchten sie jedoch gar nicht; stattdessen dringt das Licht durch diverse Skylights ein.

Im hinteren Teil, gleich hinter einer gemütlichen Sitzecke aus schwarzen Ledersesseln, vergrößert sich die Deckenhöhe deutlich, und die Buchhandlung geht in zwei Ebenen über. Ein Treppenaufgang führt ins Obergeschoss empor, das ebenfalls komplett holzverkleidet ist und eine schöne Auswahl an Sach- und Fachbüchern und dazu passende Accessoires bereithält. In der Reisebuchabteilung kann man beispielsweise einen großen historischen Globus erwerben.

Den einzigen Farbakzent in dieser sehr harmonisch gestalteten Buchhandlung bildet das integrierte Café, das im unteren Teil der Doppelebene auf die Kinderbuchabteilung folgt. Direkt hinter einer Ritterburg verwandelt sich der rustikale Charakter in ein moderne, helle Atmosphäre mit weißen Wänden, Tischen und Stühlen. Statt des natürlichen Lichts sorgen hier Deckenlampions für die Beleuchtung. Zahlreiche Gäste sitzen bei einem Stück Kuchen, einem Kaffee oder einem Salat beieinander und diskutieren angeregt.

Nach meiner ersten Erkundungstour kehre ich in den Eingangsbereich der Buchhandlung zurück, wo sich nicht nur eine ganze Wand mit aktuellen Leseempfehlungen der Buchhändler, sondern obendrein eine Abteilung mit Büchern regionaler Autoren befindet. Am Infotresen richte ich die Grüße aus, die mir Rameo bei **Skylight Books** mit auf den Weg gab, und gerate dabei an Rick Simonson, einen älteren Herrn, der die Buchhandlung vom ersten Tag (1973) an begleitet und heute für die über fünfhundert Veranstaltungen pro Jahr verantwortlich ist (allein um meinen Besuch herum werden NBA-Superstar Kareem Abdul-Jabbar, die internationale Bestsellerautorin Elizabeth George sowie Bruce Springsteen erwartet). Zu meinem großen Erstaunen verrät mir Rick, dass die Buchhandlung bis 2010 im Pioneer Square beheimatet war und die gesamte Einrichtung, die wie geschaffen für das neue Ladenlokal erscheint, bereits zum ursprünglichen Inventar gehörte. Seit dem Umzug geht es der Buchhandlung besser denn je. Heute hält sie rund 150.000 Bücher in ihrem Sortiment vorrätig und kann mit einer Gästeliste protzen, auf der Persönlichkeiten wie Barack Obama und Salman Rushdie stehen.

Als ich ein letztes Mal durch die Regalreihen streife, fällt mir ein ganz besonderes Buch auf, das mir – kurioserweise – in keiner Buchhandlung zuvor begegnet ist: *My Bookstore* (Hrsg. Ronald Rice), eine Anthologie, für die bekannte Autoren eine Liebeserklärung an ihre Stammbuchhandlung verfasst haben. Ich blättere durch die Seiten und entdecke einige bekannte Stationen. Timothy Egan lobt die Buchhandlung, in der ich mich gerade befinde, Chuck Palahniuk bekennt sich zu **Powell's,** und Dave Eggers, Autor von *The Circle*, wird mir gleich noch sympathischer, weil er ein Loblied auf **Green Apple Books** anstimmt.

Nachdem ich der gesamten Westküste gefolgt bin, muss ich mir Gedanken über den weiteren Verlauf meiner Reiseroute machen. Für die USA habe ich ganz bewusst auf eine taggenaue

Wie aus einem Guss: Bei The Elliott Bay Book Company scheint alles aus Holz gefertigt zu sein. Über 150.000 Bücher werden hier bereitgehalten.

Vorplanung verzichtet und stattdessen nur die Ankunft in Los Angeles (25. August) sowie den Abflug von Miami (15. September) festgelegt; für die Zeit dazwischen will ich mir alle Freiheiten lassen und die Reise nach Belieben anpassen.

Vor allem in Kalifornien hat es mir – nicht zuletzt aufgrund der Buchhandlungen – jedoch *so* gut gefallen, dass ich nur sehr langsam und »widerwillig« vorwärtskam, wodurch mittlerweile bereits die Hälfte meines geplanten US-Aufenthalts verstrichen ist. Wenn ich keines der Buchhandels-Highlights an der Ostküste verpassen möchte, kommt eine Weiterfahrt per Bahn also nicht infrage; der Zug bräuchte nämlich mindestens drei Tage, um mich auf die andere Seite des Landes zu bringen. Stattdessen buche ich einen Nachtflug von Portland nach **Boston**, der mir bei meiner Ankunft deutlich kürzer und weniger erholsam vorkommt als erhofft; drei Stunden fielen allein der Zeitverschiebung zum Opfer, die zwischen der West- und Ostküste liegt.

Mit dem kostenlosen Bus-Shuttle des Flughafens fahre ich zur South Station Bostons, die zwischen Hafen und Stadtzentrum liegt. Da es gerade einmal knapp acht Uhr morgens ist und ich auch hier erst am Mittag im Hostel einchecken kann, verlasse ich mit meinem Gepäck das historische Bahnhofsgebäude, das mich mit seiner großen Turmuhr an den Big Ben in London erinnert, in Richtung Innenstadt. Dort wartet eine jener Buchhandlungen auf mich, über die ich schon viel gelesen habe und der ich nun mit besonderer Vorfreude entgegenfiebere – doch: Nicht nur, dass ich um diese Uhrzeit eine Stunde zu früh dran bin, die Buchhandlung hat am heutigen Sonntag (was für eine US-Großstadt einigermaßen ungewöhnlich ist) ebenso geschlossen wie am morgigen Labor Day.

Enttäuscht wandere ich die Temple Street weiter hinauf, wo der Stadtpark beginnt, der an diesem Sonntagmorgen noch menschenleer ist. Vereinzelt sehe ich Jogger ihre Bahnen drehen, während Eichhörnchen auf den Wiesen herumtollen und die wärmenden Sonnenstrahlen genießen. Als ich mich auf eine Holzbank setze, nähert sich mir eines der Tiere langsam. Neugierig klettert es auf die Bank und schnuppert an meinem Rucksack. Nachdem das Gepäck eingehend untersucht wurde, klettert das Tier tatsächlich meinen Arm hinauf und bleibt schließlich auf der Schulter sitzen. Ich kann kaum glauben, wie zahm und zutraulich die Tiere hier im Park sind, und nutze die Gelegenheit für das zweite Selfie meiner Reise. Normalerweise verabscheue ich diese Selbstporträts, in diesem Fall schicke ich das Foto jedoch sogar weiter: »Vergiss Bob, den Streuner, und James Bowen – hier kommt das neue Dreamteam«, schreibe ich Frauke.

Obwohl es bei ihr mitten in der Nacht sein muss, folgt die Antwort beinahe auf dem Fuße: »Haha ... sehr süß – alle beide!«

Durch das Vibrieren des Handys aufgeschreckt, ergreift das Eichhörnchen die Flucht, und ich kehre mit meinen Gedanken zurück zu meinem aktuellen Reiseproblem. Während ich die Optionen durchgehe, kommt mir eine Idee: Eine weitere Buchhandlung befindet sich in **Plainville**, gut

160 Kilometer südwestlich von Boston, deren Besuch ich eventuell vorziehen könnte. Ich lasse es auf einen Versuch ankommen und erkundige mich via Facebook nach den Öffnungszeiten, die für den Feiertag nirgendwo explizit angegeben sind.

Um die Zeit bis zur Antwort zu überbrücken, kehre ich zur South Station zurück und erstehe an einem Zeitungsstand, der auch wenige Bücher führt, *The Little Paris Bookshop* von Nina George, das mir bislang in nahezu jeder Buchhandlung begegnet ist. Wieder auf meiner Parkbank angelangt, beginne ich mit der Lektüre und komme mir dabei ein bisschen komisch vor, das Buch einer deutschen Autorin, das bei uns *Das Lavendelzimmer* heißt, in der US-Übersetzung von Simon Pare zu lesen.

Nach etwa zwanzig Seiten brummt mein Handy und hält gute Nachrichten bereit: Die Buchhandlung in Plainville hat am morgigen Feiertag geöffnet und freut sich bereits auf meinen Besuch. So genieße ich einen buchhandelsfreien Tag in Boston, schlafe mich ausgiebig aus und erreiche am nächsten Tag ausgeruht:

An Unlikely Story

(⚑) 111 South Street, Plainville, MA 02762

Von der South Station fahre ich zunächst mit dem Zug nach Attleboro, Massachusetts, wo ich feststellen muss, dass der regionale Busverkehr aufgrund des Feiertags eingestellt ist. Mir bleibt nichts anderes übrig, als die neun Kilometer nach Plainville zu laufen, das noch ein Stückchen kleiner ist als Attleboro und nur knapp zehntausend Einwohner zählt. Die Ortschaft ist sehr landschaftlich geprägt; Grünflächen sowie akkurat angelegte Straßenzüge dominieren das Bild, und Gärten umgeben die freistehenden Häuser.

Am zentralen Punkt von Plainville, der Kreuzung South Street/West Bacon Street, liegt die Buchhandlung An Unlikely Story, deren Inhaber niemand Geringeres ist als US-Bestsellerautor Jeff Kinney (*Gregs Tagebuch*) mit

Bei An Unlikely Story, der Buchhandlung von Bestsellerautor Jeff Kinney und seiner Frau Julie, hat jeder Einrichtungsgegenstand eine eigene Geschichte zu erzählen.

seiner Frau Julie. 2015 eröffnet, befindet sich das Geschäft im Erdgeschoss eines aufwendig restaurierten Farmhauses, das um 1850 erbaut wurde. Die Fassade des dreistöckigen Gebäudes ist mit weißen Holzpaneelen verkleidet, vor der anthrazit eingefassten Schaufensterfront befindet sich eine überdachte Terrasse, auf der ein paar Stühle stehen.

Die Buchhandlung selbst besteht aus einem offen gestalteten Raum, der seine Besucher auf Anhieb für sich einnimmt. Auf Massivholzdielen bewege ich mich zwischen hölzernen Tischen und Regalen hindurch. Die hohen Regalwände an den Seiten wechseln sich hellbraun und anthrazit ab, was wie ein lustiges Zebramuster aussieht. Am meisten beeindruckt mich die dunkle Decke, an der Kronleuchter, Halogenleisten, rundförmige Softboxen sowie Lichterketten für die Beleuchtung sorgen. Dazwischen hängen an unsichtbaren Fäden unzählige Bücher sowie schwarzmetallene Besen herab und vermitteln den Eindruck, als würden sie schweben.

Am quadratisch geformten Tresen, der wie eine Insel in der Mitte der Buchhandlung steht, begegne ich Kym, mit der ich gestern via Facebook gechattet habe und die sich mir nun als Buchhändlerin und Eventmanagerin vorstellt.

»Schön, dass du da bist«, strahlt sie mich an, »dein Projekt klingt nach der schönsten Reise, die man überhaupt nur machen kann.«

»Schön, dass ich hier sein darf«, entgegne ich, »und, ja: Die Reise fühlt sich genau *so* an.«

Ehe ich mich versehe, hat Kym mich bereits im Schlepptau und führt mich durch die gesamte Buchhandlung. Das Sortiment präsentiert sich ausgesprochen bunt und vielfältig und reicht von Koch- sowie Gartenbüchern über Sachbücher zum Thema Geschichte bis hin zu Romanen. Die Kinder- und Jugendbuchabteilung gefällt mir besonders gut – und das nicht nur, weil die Unterkategorien altersmäßig sehr fein abgestuft sind, sondern auch deshalb, weil die Kinneys ihren Erfolg nicht etwa für einen verdeckten Fanshop nutzen. Im Gegenteil: Die Bände von *Gregs Tagebuch* halten sich dezent im Hintergrund.

Während sich auf der rechten Seite des Raumes ein Café anschließt, das mit gemütlichen Ledersesseln lockt, erfahre ich von Kym, dass jeder einzelne Gegenstand mit Bedacht ausgewählt wurde und eine eigene Geschichte zu erzählen weiß. Die Decke mit den schwebenden Besen wurde beispielsweise von einem Bühnenbildner ausdekoriert. Andere Details erinnern an die Historie des Gebäudes, das früher einmal Gemüsemarkt, später Apotheke war. An den Wänden findet man noch die Originalbeschilderung: Neben »Fruits & Vegetables – Plainville Public Market« hängt »Plainville Pharmacy«. Passend dazu sind die heutigen Regalüberschriften im antiken Shabby-Look gehalten.

»Jeff mag es sehr, wenn Dinge eine Geschichte erzählen. In seinem Besprechungsraum hat er sogar einen Tisch, der aus angeschwemmtem

Holz der Tsunami-Katastrophe in Phuket gefertigt wurde. Ach, weißt du was? Ich zeig's dir einfach mal.«

Hat sie das eben wirklich gesagt? Ja, Kym, die bereits ihr Bedauern darüber geäußert hat, dass Jeff in dieser Woche auf Geschäftsreise ist, macht tatsächlich ernst – und so befinden wir uns schon bald im Fahrstuhl. Während die zweite Etage,»The second Story« genannt, für Veranstaltungen reserviert ist (man kann den Raum übrigens für externe Zwecke anmieten), gehört die dritte Etage Jeff Kinney.

»Das hier ist sein Reich«, setzt Kym an,»wir haben schon mal überlegt, eine persönliche Führung zu verlosen, aber du solltest es auf jeden Fall sehen.«

Tatsächlich kann ich es selbst kaum glauben: Von einem großen Showroom, in dem diverse Werbeaufsteller und Merchandise-Artikel stehen, gelangt man in eine telefonzellengroße Kammer, die für Audioaufnahmen und Ideen gedacht ist.

»Dieses Zimmer ist so klein, dass es hier – im wahrsten Sinne des Wortes – keinen Raum für Ablenkung gibt«, führt Kym aus.»Also setzt sich Jeff manchmal hinein, um auf eine besondere Idee zu kommen und konzentriert nachdenken zu können.« Definitiv ein interessantes Konzept!

Gegenüber des»Denk-Raums« liegt ein Büro, das beinahe einer exakten Nachbildung der Bilderbuchhandlung Poplar Kid's Republic entspricht – bis auf die Tatsache, dass es hier – neben den weißen Bücherregalen, in die bunte Farbakzente und Röhren eingearbeitet sind – auch einen Schneideplatz gibt, an dem Jeff seine Figuren illustriert sowie animiert.

»Wow, unglaublich«, stimmt mir Kym zu, als ich ihr Bilder aus China zeige.»Kannst du mir ein Foto davon schicken? Das muss ich unbedingt Jeff zeigen!«

»Aber gern«, sage ich, bevor ich mich kurz vor Feierabend verabschiede, um nach Attleboro zurückzulaufen und noch einen Zug in Richtung Boston zu erwischen.

Als ich am nächsten Tag mein Hostel verlasse und ein weiteres Mal den Stadtpark ansteuere, habe ich endlich Glück. Mein lang ersehntes Buchhandelsziel hat nicht nur geöffnet, sondern auch das Wetter spielt mit, sodass es sich in voller Schönheit präsentiert:

Der Brattle Book Shop im Zentrum von Boston verfügt über einen Hof, der zu einer Freiluftbuchhandlung umfunktioniert wird, wenn es das Wetter zulässt.

The Brattle Book Shop

 9 West Street, Boston, MA 02111

Der Brattle Book Shop ist in vielerlei Hinsicht außergewöhnlich. Die schmale dunkelgraue Fassade des dreistöckigen Geschäftshauses ziert im Erdgeschoss eine durchgängige Glasfront, über der auf voller Breite ein riesiger Bleistift mit dem Namen der Buchhandlung prangt. Im oberen Bereich, wo sich pro Etage vier Fenster befinden, steht ein Schild in Form eines Buches von der Mauer ab, das auf dem stilisierten Cover alle wesentlichen Informationen liefert:»Brattle Book Shop. One of Americas oldest antiquarian book shops. Proprietor: Kenneth Gloss.«

Rechts der Buchhandlung öffnet sich ein Hof, was im Zentrum Bostons eine echte Rarität darstellt, zumal er ausschließlich dem Brattle Book Shop gehört, der ihn auf die beste nur denkbare Weise nutzt: Eingerahmt von drei roten Backsteinmauern, entfaltet sich hier eine einzigartige Freiluftbuchhandlung, deren Längsseiten durchgängig mit verschließbaren Bücherschränken bestückt sind. Auf der offenen Fläche dazwischen stehen circa dreißig Rollwagen, die randvoll mit Büchern befüllt sind und drei Preiskategorien enthalten: ein Dollar, drei Dollar und fünf Dollar.

An der linken Wand, die die Außenseite der Buchhandlung darstellt, hängt ein großformatiges Schwarz-Weiß-Gemälde mit Porträts von insgesamt 18 Autoren. Neben Toni Morrison blicken zum Beispiel Kafka und die Beat-Vorreiter Ginsberg und Burroughs auf die Kunden herab.

Nachdem ich mich draußen sattgesehen und -gestöbert habe, betrete ich den Innenteil der Buchhandlung, die ihrem Open-Air-Pendant in nichts nachsteht, was die Titelanzahl anbelangt. Insgesamt sind rund 250.000 Bücher vorrätig, die sich ganz grob folgendermaßen unterscheiden lassen: Während es im Außenbereich sowie in den ersten beiden Stockwerken preisgünstige Bücher sowie Postkarten und Poster gibt, hält der »Rare Book Room« im Obergeschoss neben seltenen Büchern auch ausgewählte Kunstwerke bereit. Die Präsentation der Bücher ist in allen Abteilungen übrigens gleich schlicht: Überall werden die langen Regalreihen von einfachen Halogenleuchten erhellt – das Ein-Dollar-Buch ebenso wie die Zehntausend-Dollar-Rarität.

Als ich schließlich Kenneth Gloss treffe, einen kleinen, drahtigen Mann mit silbergrauem Haar, nutze ich die Gelegenheit, um mehr über seine Buchhandlung zu erfahren. Er erzählt mir, dass der Brattle Book Shop bereits seit 1825 existiert. Kurz nach dem Zweiten Weltkrieg übernahmen Gloss' Eltern das Geschäft.

»Tja, und so war mein eigener Berufsweg dann auch gleich vorbestimmt«, meint Kenneth und lächelt. Scheint nicht so, als hadere er mit seinem Schicksal.

Wie bei Powell's frage ich auch Ken nach einem besonders wertvollen Titel, woraufhin er für ein paar Sekunden nachdenklich schweigt, während seine Pupillen schnell hin und her wandern – ganz so, als würde er in einem Regal nach der passenden Erinnerung suchen.

»Einen Preis werde ich dir nicht nennen«, meint er schließlich, »aber ich hatte mal eine der seltenen Erstausgaben von Scott Fitzgeralds *The Great Gatsby*, 1925 bei Charles Scribner's Sons erschienen. Mit den entsprechenden Druckfehlern ist diese Ausgabe allein schon über einhunderttausend Dollar wert – das Exemplar, um das es sich hier handelte, enthielt aber noch eine persönliche Widmung des Autors an seinen Kollegen T. S. Eliot.«

»Wow«, entgegne ich, und für mehr reicht es gerade nicht, denn ich bin einfach nur sprachlos.

Ken grinst: »Ja, ungefähr das war auch meine Reaktion.«

»Vielen Dank«, sage ich und bin froh, in Boston geblieben zu sein, um diese Buchhandlung und ihre Geschichte(n) kennenzulernen.

Eine weitere besuchte Buchhandlung Bostons im Kurzporträt:

Harvard Book Store

 1256 Massachusetts Avenue, Cambridge, MA 02138

Der Harvard Book Store grenzt unmittelbar an das Campusgelände der gleichnamigen Universität und ist über deren südlichen Ausgang erreichbar. Als älteste Universität der USA kann Harvard auf viele bekannte Absolventen wie Mark Zuckerberg, Barack Obama, Bill Gates oder John F. Kennedy zurückblicken, was natürlich auch zum Renommee der Buchhandlung beigetragen hat, die ihrerseits Autoren wie Haruki Murakami, Orhan Pamuk oder Stephen King begrüßte.

Über zwei Etagen finden sich im Harvard Book Store unzählige Neu- und Gebrauchtbücher in unmittelbarer Nachbarschaft der weltbekannten Universität.

1932 ursprünglich als reine Gebrauchtbuchhandlung für Uniliteratur gestartet, ist der Harvard Book Store bis heute ein unabhängiges Familienunternehmen. Das Geschäft befindet sich in einem eleganten roten Backsteinhaus auf der Ecke Plympton Street/Massachusetts Avenue, dessen breite Schaufensterfront in einen schwarzgoldenen Rahmen eingefasst ist.

Wie in so vielen Buchhandlungen in den USA setzt sich auch das breite allgemeine Sortiment des Harvard Book Shop sowohl aus Neu- als auch aus Gebrauchtbüchern zusammen. Die Titel stehen in hellen Holzregalen, die an der Wand bis unter die hohe Decke reichen, sodass überall bewegliche Leitern bereitstehen.

Ich sehe mir zuerst das Untergeschoss an, das vor allem Gebrauchtbücher und Schnäppchen präsentiert. Das übrige Sortiment, zu dem auch
die Merchandising-Artikel der Buchhandlung gehören, liegt in der ersten
Etage. Für den Fall, dass das gewünschte (Fach-)Buch einmal nicht vorrätig ist, steht eine Espresso Book Machine bereit, mit der sich jedes Werk
im Handumdrehen ausdrucken lässt.

Den gleichen guten Ruf wie die Universität genießt übrigens auch die
preisgekrönte Veranstaltungsreihe des Harvard Book Shop, zu der neben
Lesungen unter anderem die monatlichen Treffen des eigenen Buchclubs
gehören.

Nach dem verlängerten Aufenthalt in Boston geht es weiter gen Süden, wo
New York mein nächstes ausgemachtes Ziel ist.

Bostons South Station wird nicht nur von Zügen und U-Bahnen ange-
steuert, sondern verfügt auch über einen integrierten Busbahnhof, an dem
meine Weiterreise am Mittag des 7. Septembers beginnt. Vier Stunden
später haben wir die Millionenmetropole erreicht, in deren dichtem Feier-
abendverkehr es aber noch eine weitere Stunde dauert, bis wir an der Port
Authority Station ankommen. Sie liegt mitten im Zentrum, zweihundert
Meter vom Times Square entfernt.

Nach einem kurzen Ausflug auf die andere Seite des Hudson River, wo
ich ein halbwegs bezahlbares Zimmer in Union City (New Jersey) gebucht
habe, kehre ich nach New York zurück und kann es kaum abwarten, mein
erstes Buchhandelsziel anzusteuern, um das sich zahlreiche Mythen und
Sagen ranken – so soll es in der Abteilung für Magie und Übersinnliches,
die sich im Untergeschoss befindet, mitunter spuken (da ich die Buchhandlung am helllichten Tag besuche, kann ich das nicht verifizieren –
aber auch genauso wenig widerlegen):

Strand Book Store

⊕ 828 Broadway, New York, NY 10003

& Strand Book Store (Central Park Kiosk)

⊕ 60th Street / 5th Avenue, New York, NY 10024

Knapp einhundert Meter vom Union Square Park entfernt, im East Village Manhattans, findet sich eine Buchhandlung, die mich schon von Weitem begeistert. In Form einer großen Beschriftung auf dem vorspringenden Dach im Erdgeschoss ruft sie mir gleich eine prägnante Selbstbeschreibung zu: »Strand – 18 Miles of books – Strand – Where books are loved.«

Das sandfarbene Eckhaus, das sich über insgesamt zehn Etagen in den Himmel reckt, ist auf Höhe des dritten Obergeschosses mit zwei roten Fahnen geschmückt, die den Namen der Buchhandlung ausweisen. Darunter schützt das erwähnte vorspringende Dach (knallrot!) über eine Länge von insgesamt wohl vierzig Metern rollbare Bücherwagen, die ringsum vor den Schaufenstern positioniert sind und diverse Schnäppchen anbieten.

Im unmittelbaren Eingangsbereich hängen zwei Poster an der Glasfassade, die mein Vielleserherz unweigerlich noch höher schlagen lassen: »Welcome book lovers«, steht auf der Eingangstür – und gleich daneben: »Collect what you love. Your dream library starts with one book.«

Obwohl ich in den letzten Tagen und Wochen dauernd außergewöhnliche und vor allem auch große Buchhandlungen besucht und wahrlich viele Bücher gesehen habe, verschlägt es mir beim Eintreten auch hier wieder die Sprache vor lauter Eindrücken, und ich lasse alles eine Weile auf mich einwirken, bevor ich mich den Details widme. Auf meiner linken Seite erstreckt sich eine lange Theke, hinter der ein »Rainbow Shelf« (Sie erinnern sich: ein Regal, in dem alle Bücher nach

der Farbe ihres Rückens einsortiert sind – immer wieder ein tolles Bild!) meinen Blick einfängt.

Eine Weile stöbere ich durch die aktuellen Literaturtipps der Buchhändler, bevor ich

Der kleine Ableger des Strand Book Store: Während das Hauptgeschäft mit »18 Meilen Bücher« wirbt, geht es am Central Park deutlich beschaulicher zu.

mir die eigenen Produkte des Strand Book Store ansehe, zu denen neben Taschen, Notizbüchern, Stiften, Magneten und Tassen inzwischen auch eine – in ironischer Anspielung auf Donald Trumps Wahlslogan – »Make America read again«-Kollektion zählt.

Unter den hohen weißen Decken, an denen Neonröhren hängen und das Erdgeschoss mit viel Licht versorgen, breiten sich zahlreiche Tische und Regale aus hellem Holz aus, die Unmengen von Büchern bereithalten. Um den Kunden das Stöbern zu erleichtern, beschränkt sich der Strand

Book Store nicht auf die üblichen Kategorien »Spannung« oder »Literatur«. Nein, hier arbeitet man mit Genres wie »Must own short stories«, »Bucket list books«, »Books for your beach bag«, »International authors to read before you die« und, und, und … So ist das Schlendern durch die *18 Meilen* an Bücherregalen eine einmalige Entdeckungsreise.

Auf das absolute Highlight stoße ich im zweiten Obergeschoss, das man nicht über die markant rote Wendeltreppe erreichen kann, die die übrigen Stockwerke miteinander verbindet, sondern ausschließlich mit dem Fahrstuhl – dem »Rare Book Room«, für den sogar eigene Öffnungszeiten gelten und in dem ringsum dunkle Regale und Vitrinen voller mehr oder weniger seltener Bücher auf Besichtigung (und Kauf) warten.

Zu meinem großen Glück begegne ich hier Whitney und Jane, die nicht nur das Marketing, sondern auch den »Rare Book Room« verantworten und mir allerhand Hintergründe sowie Anekdoten zu berichten wissen. So erfahre ich, dass der Strand Book Store 1927 mit nur sechshundert Dollar Startkapital von Benjamin Bass gegründet wurde, dessen Sohn, Fred Bass, der heutige Eigentümer ist. Fred zeichnet verantwortlich für eine Besonderheit im Bewerbungsverfahren für die Angestellten. Irgendwann in den Siebzigerjahren führte er nämlich ein Quiz ein, das – bis heute – sämtliche Bewerber zu lösen haben und bei dem sie ausgewählten Buchtiteln den korrekten Autorennamen zuordnen müssen. Besonders gemein: Mitunter ist keine der vorgegebenen Möglichkeiten korrekt, wodurch das Quiz inzwischen einen gewissen Kultstatus erlangt hat.

---

[9]   http://www.strandbooks.com/books-by-the-foot

Nachdem mir Whitney und Jane verraten haben, dass man den »Rare Book Room« für tausend Dollar pro Stunde privat anmieten kann, frage ich die beiden – langsam wird es zur Angewohnheit – noch nach den kostbarsten Titeln des Hauses.

Jane lacht amüsiert auf und deutet mit einer ausladenden Bewegung auf einen silbernen Tresor, der sich links neben dem Verkaufstresen befindet: »Die hätten wir hier.«

Die Tür des massiven Tresorschranks ist zwar geöffnet, doch verwehrt eine verriegelte Panzerglastür den Zugriff. Immerhin ist ein Blick auf die Kostbarkeiten möglich, sodass ich in die Hocke gehe und die Titel der Prachtlederausgaben betrachte.

»Ganz ehrlich, ich kann es nicht einschätzen«, wende ich mich wieder Jane zu, die mich sogleich aufklärt.

»Es ist die illustrierte Ausgabe von James Joyce' *Ulysses*, gestaltet von Henri Matisse. Sie wurde 1935 verlegt, und es gibt insgesamt nur 250 Exemplare, die von Autor *und* Illustrator signiert wurden. Der Preis liegt bei ungefähr 45.000 Dollar.«

Ich bedanke mich, schieße noch ein Abschiedsfoto und begebe mich anschließend ins Erdgeschoss zurück, wo ich ein paar Postkarten und Strand-Produkte kaufen möchte. Zwischen klassischen Ansichtskarten entdecke ich eine Typografiekarte, die das Logo der Buchhandlung trägt und ansonsten nur mit einem Satz beschrieben ist: »Someone in New York misses you.«

Ich denke sofort an Frauke und schlucke, denn trotz der vielen tollen Begegnungen, die ich während meiner Reise mache, fühle ich mich manchmal doch ein bisschen einsam. Woher weiß der Strand Book Store das bloß? Ich kaufe die Karte und schicke sie noch am selben Abend ab ...

Am Central Park, auf der Ecke 60th Street/5th Avenue, hat die Buchhandlung übrigens noch eine Außenstelle: Strand Book Store (Central Park Kiosk). Im Stile der Bouquinisten von Paris finden sich hier zwei kleine begehbare Holzhäuschen, vor denen ein Postkartenständer sowie zehn Tische stehen. Die Auswahl ist klein, aber vielfältig und definitiv einen Besuch wert.

Als ich am späten Abend ins Hostel zurückkehre, gerate ich mitten in eine Geburtstagsparty zweier Gäste, der sich in dieser Nacht niemand entziehen kann. Mein Zimmerkollege Dariusz, ein junger Pole, der seit drei Wochen hier wohnt und sich vorgenommen hat, in New York als Immobilienmakler Fuß zu fassen, kann schon bei meinem Eintreffen keine klaren Worte mehr formulieren. Ich klopfe ihm lachend auf die Schulter und mische mich unter die Feiernden. Dabei treffe ich auf Fabienne, eine französische Studentin, die – im Gegensatz zu Dariusz – sehr gut im Umgang mit Worten ist. Wir verstehen uns auf Anhieb großartig, erst recht, als ich erfahre, dass sie aus Bordeaux stammt, wo ich im vergangenen Sommer die wunderbare Librairie Mollat besuchte. Als ich ihr davon sowie von meiner aktuellen Reise erzähle, setzt Fabienne mit einem Mal zu einem breiten Lächeln an, das von kleinen Grübchen begleitet wird, die sich auf ihren Wangen abzeichnen: »Du wirst es höchstwahrscheinlich nicht glauben, aber da habe ich tatsächlich einen Reisetipp für dich ...«

Schon am darauffolgenden Abend stehe ich vor der Buchhandlung, die Fabienne mir nachdrücklich empfohlen hat:

Housing Works Bookstore Cafe

 126 Crosby Street, New York, NY 10012

In Lower Manhattan, parallel zum Broadway, liegt die Buchhandlung in einer schmalen Einbahnstraße, wo es für New Yorker Verhältnisse ausgesprochen ruhig zugeht. Nur alle paar Minuten müht sich ein Auto über das holprige Kopfsteinpflaster in Richtung Osten. Die graue Fassade ist im unteren Bereich mit einer doppelstöckigen Fensterebene ausgestattet,

durch die warmes, gleichmäßiges Licht auf
den Gehweg dringt.

Über vier flache Treppenstufen gelange ich
in die Buchhandlung hinein und fühle mich
augenblicklich wohl, obwohl mir das außergewöhnliche Konzept des Ladens noch gar
nicht bekannt ist. Housing Works Bookstore
Cafe besteht aus einem länglichen Raum, den

Neben dem gemeinnützigen
Konzept weiß Housing Works
Bookstore Cafe auch optisch zu
beindrucken: Der offene Raum
wird zu den Längsseiten von je
einer Galerieebene gesäumt. Die
gerahmten Fotos erinnern an
berühmte Gäste der vergangenen
Monate und Jahre.

vier parallel angeordnete Reihen an Hängeleuchten, diverse Halogenspots
und einige Lampion-Lichterketten erhellen. Im vorderen Bereich sind die
weißen Seitenwände bis unter die fünf Meter hohe Decke vollständig mit
Bücherregalen aus dunklem Holz gefüllt, wobei auf etwa halber Höhe eine
Galerie verläuft, zu der auf beiden Seiten je eine Wendeltreppe hinaufgelei-
tet. Im Mittelteil laufen Rundregale um mit Akanthusblättern geschmückte

Säulen. Ganz hinten liegt die Café-Bar, in der man sich an Bistrotischen niederlassen kann. Auch die Galerieebene endet beim Café, wo die Wandregale in normaler Höhe fortlaufen, während darüber gerahmte Fotos und Zeitungsartikel von vergangenen Aktionen und Veranstaltungen berichten. Neben Büchern bzw. Literatur schlägt das Herz von Housing Works für Musik, wie nicht nur die entsprechende Abteilung unterhalb der linken Galerieebene zeigt, wo unzählige CDs und Vinylplatten angeboten werden, sondern auch die datierten Erinnerungsfotos beweisen: Demzufolge war im Oktober 2003 die vierfache Grammy-Gewinnerin Tracy Chapman hier zu Gast!

Ich stöbere durch das reichhaltige Sortiment an günstigen Gebrauchtbüchern jeglicher Couleur, bevor ich mich dem Tresen zuwende, der sich rechts vom Eingang befindet, und mich nach den Hintergründen der Buchhandlung erkundige. Wie ich im Café-Bereich auf einem Infoschild bereits gelesen habe, bestätigt mir Heidi, die Store-Managerin, dass die Buchhandlung der Non-Profit-Organisation Housing Works angeschlossen ist, die seit 1990 existiert und sich vor allem für jene Bürger New Yorks einsetzt, die an Aids erkrankt und zugleich obdachlos sind, was in der Millionenmetropole rund 25.000 Personen betrifft.

»Wie genau funktioniert das?«, frage ich Heidi.

»1996 nahm die Buchhandlung ihren Betrieb auf, und anfangs war es nicht so einfach, sich zu etablieren. Inzwischen läuft es aber fantastisch. Wir erhalten viele Bücherspenden und haben ein großartiges Team, das aus Freiwilligen besteht, die neben ihrem regulären Job hier arbeiten. Einzige Bedingung: Du musst vier Stunden pro Woche erübrigen können und mindestens sechs Monate bleiben; andernfalls lohnt sich die Einarbeitung nicht. Außerdem sind wir mittlerweile zu einer sehr beliebten Location für Hochzeiten geworden, wofür man die Buchhandlung außerhalb der Öffnungszeiten anmieten kann. Alles, was wir einnehmen, geben wir zu einhundert Prozent weiter – und da kommt inzwischen einiges zusammen.«

»Wow«, sage ich, »das klingt nach einem großartigen Job.«

»Ist es«, bestätigt Heidi, »es gibt dir so viel. Du weißt *immer*, wofür du arbeitest, und lernst noch dazu tolle Menschen kennen: Zu den Freiwilligen gehören sowohl Anwälte als auch Straßenkehrer. Sie eint ihr Engagement.«

Die Bücherregale des Rizzoli Bookstore sind aus dunklem Edelholz gefertigt, während sich auf den Wänden eindrucksvolle Freskenmalereien anschließen.

Als die Buchhandlung schließt, kaufe ich kurzentschlossen eine Tasse mit dem Logo, in die ich eine handschriftliche Notiz lege: »Für die beste französische Reiseführerin New Yorks« – ein Geschenk für Fabienne.

Eine Buchhandlung wie aus Tausendundeiner Nacht: Von der saphirblauen Decke, die mit Goldakzenten abgesetzt ist, hängen leuchtende Pendel in den Raum hinab.

Weitere besuchte Buchhandlungen New Yorks (+ Umgebung) im Kurzporträt:

Rizzoli Bookstore

 1133 Broadway, New York, NY 10010

Wenn man vor dem Rizzoli Bookstore auf dem New Yorker Broadway steht, nur einen Steinwurf vom Madison Square Park entfernt, gibt es keinerlei Hinweise auf die sehr bewegte jüngere Vergangenheit des Ladens. Im Gegenteil: Die großzügige Schaufensterfront gewährt einen sehr guten

Blick in die Geschäftsräume und zeigt eine Buchhandlung, die kaum eleganter daherkommen könnte und dabei eine anmutige Ruhe verströmt.

An der hohen Stuckdecke hängen schwarz-metallene Kronleuchter, zwischen der Decke und den mit goldenen Lettern beschrifteten Regalen winden sich atemberaubende Freskenmalereien über die Wand, die über die volle Länge der Buchhandlung – immerhin gut 35 Meter – ein Gesamtbild ergeben. Es zeigt einen azurblauen Himmel mit wechselnden Bewölkungsgraden, über den Sonnen, Heißluftballone und Zeppeline ziehen. Zwischendrin begeistern bekannte Werke der italienischen Architektur. Gleich hinter dem großen kirschholzfarbenen Tresen im Eingangsbereich ist beispielsweise der Dom des zentralen Platzes von Mailand dargestellt, wo Angelo Rizzoli sein Unternehmen 1927 gründete.

Auch das Sortiment kommt gediegen daher. Auf edlen Massivholztischen, deren Beine zum Teil korinthischen Säulen mit Kapitellen nachempfunden sind, liegen neben Romanen vor allem Sachbuchtitel mit künstlerisch-kulturellen Themen aus.

Während ich inmitten dieser Buchhandlung stehe und das Ambiente genieße, male ich mir eine lange Historie des Standorts aus, derart gewachsen und homogen fühlt sich das Zusammenspiel aus Architektur und Sortiment an. Tatsächlich jedoch eröffnete der Rizzoli Bookstore erst 2015 an diesem Standort. Zuvor hatte es großen Unmut darüber gegeben, dass Rizzoli seinen Stammsitz auf der 57th West Street nach beinahe dreißig Jahren schließen musste, da der Mietvertrag nicht verlängert und das Gebäude abgerissen wurde. Die Kunden liefen dagegen Sturm – schließlich zählte die Buchhandlung nicht nur zu den schönsten der Welt (u. a. laut Buzzfeed) –, sondern war schon mehrfach Schauplatz bekannter Filme (zum Beispiel in *Manhattan* von Woody Allen). Doch es nützte alles nichts. Rizzoli fügte sich dem Schicksal und machte das Beste daraus: Er gestaltete eine neue Buchhandlung, die einigen Besuchern zufolge sogar *noch* schöner als die vorherige ist ...

Albertine Librairie

 972 5th Avenue, New York, NY 10075

Am östlichen Rand des Central Park eröffnete 2014 ein neuer, ganz besonderer Literaturort – die Albertine Librairie, die gegenwärtig einzige französische Buchhandlung New Yorks, die von der französischen Botschaft betrieben wird und ihren Standort im Haus für kulturelle Angelegenheiten hat. Ihren Namen verdankt die Buchhandlung der Protagonistin aus Marcel Prousts Roman *Auf der Suche nach der verlorenen Zeit*. Man findet das Geschäft hinter dem Foyer der Botschaft, wo es sich über zwei Etagen erstreckt. Der Raum im Erdgeschoss ist mintgrün gestrichen, und in den dunkelbraunen Holzregalen warten die französischsprachigen Romane auf Leser. Büsten französischer Autoren schmücken den Raum, noch besser gefallen mir aber die goldfarbenen Lampenschirme an der Decke, die ein wenig wie Rundpavillons im Origamistil anmuten und ein angenehmes Licht abgeben.

Auch im Obergeschoss fällt mir als Allererstes die exquisite Beleuchtung auf: Wie halbierte Sanduhren schweben hier leuchtende Lichtpendel von einer saphirblauen Decke, die mit goldenen Farbakzenten an einen Sternenhimmel erinnert (und die Nachbildung eines Kunstwerks aus dem Musikraum der Münchner Villa Stuck darstellt). In dieses edle Gesamtbild fügt sich eine feine Auswahl an antiquarischen Titeln, zu denen neben Werken von Molière auch die zweibändige Ausgabe von Diderots *Jacques le fataliste* zählt, die aus dem Jahr 1796 stammt und 3.600 Dollar kostet.

Übrigens ist Albertine obendrein im kulturellen Bereich überaus umtriebig: Neben regelmäßigen Veranstaltungen wie einer französischsprachigen Vorlesestunde für Kinder und Lesungen mit bekannten Autoren vergibt man neuerdings auch den »Albertine Prize« für den besten französischen Roman in englischer Übersetzung, der mit zehntausend Dollar dotiert ist, die jeweils zur Hälfte an Autor und Übersetzer gehen.

Barnes & Noble (Power Plant)

 601 East Pratt Street, Baltimore, MD 21202

Barnes & Noble betreibt in den USA und Kanada weit mehr als sechshundert Buchhandlungen, von denen diese Dependance in **Baltimore**, Maryland, die mutmaßlich außergewöhnlichste ist. In einem ehemaligen, denkmalgeschützten Kohlekraftwerk, das im Hafen von Baltimore liegt, erstreckt sich die Buchhandlung über die ersten beiden Etagen und sorgt beim ersten Besuch nicht selten für ungläubiges Staunen unter den Gästen.

Durch eine Drehtür gelangt man in das Erdgeschoss des großen Backsteingebäudes und betritt ein Atrium, das seinen ursprünglichen Charakter bis heute konserviert hat. Zwei massive, auf Hochglanz polierte kupferfarbene Kesselrohre ragen vom Boden bis in die höheren Etagen empor, die als Büros genutzt werden. Im Erdgeschoss winden sich Bücherregale um die Rohre, und an den runden Wänden schlängeln sich Regalwände entlang.

Zwischen den beiden Kesselrohren, genau in der Mitte des Raumes, kreuzen sich zwei Rolltreppen, die die Stockwerke miteinander verbinden. Das Obergeschoss bietet nicht nur eine spektakuläre Aussicht auf das komplette Hafengelände, sondern auch eine einmalige Atmosphäre zum Stöbern. Ein großes Aquarium füllt eine der Wände, und es gibt ein Café. Im hinteren Bereich lockt ein bunter Pavillon in die Kinderbuchabteilung, daneben finden Musikfans ein umfangreiches Sortiment. Leseinseln mit bequemen Ledersesseln laden zum Verweilen ein – viele Gäste lassen sich aber auch unmittelbar hinter den großen Panoramafenstern auf dem Boden nieder und genießen in ihren Lesepausen den schönen Ausblick.

Meine letzte ausgemachte US-Destination ist **Miami**, Florida. Als ich den Flughafen erreiche und im Bus nach Miami Beach sitze, wo sich mein Hostel befindet, bin ich zunächst einmal erleichtert, dass ich es rechtzeitig hierhin geschafft habe, nachdem es in Kalifornien und Boston zu leichten Verzögerungen kam und die Ostküste – insbesondere der Südosten – zuletzt von Tropenstürmen heimgesucht wurde.

Doch nun bin ich da und lerne Miami von der schönsten sowie heißesten Seite kennen: Die Temperaturen erreichen Rekordwerte, sodass ich den ersten Tag mit meinen Zimmernachbarn, zwei Argentinierinnen und einem Iren, fast ausschließlich am Strand verbringe, wo eine leichte Brise weht und ich die atemberaubend schöne Kulisse bewundern kann. Vor mir rauscht der cyanblaue Nordatlantik, hinter mir verläuft ein schmaler Grünstreifen mit Palmen zwischen Stadt und Strand. Unter mir schmeichelt traumhaft weicher Sand meiner Haut ...

Als ich am nächsten Tag mit dem Bus auf das Festland hinüberfahre, sind die beiden Argentinierinnen beleidigt, dass ich ihnen und dem Strand eine Buchhandlung vorziehe – als sie jedoch hören, dass auch ihre Heimat noch auf meinem Reiseplan steht, sind sie versöhnt, und ich kann mein letztes US-amerikanisches Buchhandelsziel ansteuern:

Books & Books

 265 Aragon Avenue, Coral Gables, FL 33134

Books & Books ist die populärste Indiebuchhandlung der Region und wurde 1982 von Mitchel Kaplan gegründet. Inzwischen gibt es fünf Filialen (alle in Florida). Ich besuche heute die Dependance auf der Aragon Avenue, im Zentrum von Coral Gables, und stoße auf ein Haus, das gut als toskanisches Landhotel durchgehen könnte. Ein terrakottafarbenes Ziegeldach bedeckt das Gebäude, durch dessen längliche Fassade drei Torbögen auf einen Hof mit Bar und Zeitschriftenabteilung führen. Rechts und links dieser Durchgänge befinden sich die Eingänge in das Gebäude hinein, das seinen Hof vollständig umschließt.

Ich habe schon viele Bücherregale gesehen, aber Books & Books toppt alles! Hier gibt
es keine sichtbare Wand, denn wirklich jede
Freifläche ist mit edlen Eichenholzregalen voll-
gestellt, die bis unter die Decke reichen und in

Welcome to Miami: Das Books &
Books gilt als populärste Indiebuchhandlung Floridas, in der allenthalben warme Holztöne dominieren –
ein Café inklusive.

denen ein überaus vielfältiges Sortiment bereitsteht. Regional bedingt ist
der Anteil spanischer Literatur besonders groß. Neben Belletristik führt
die Buchhandlung viele Kunst-, Fotografie- und Architekturbücher, die
kurioserweise nach Verlagen sortiert sind (auf Phaidon folgt Thames &
Hudson, Assouline ist sogar ein eigener Raum gewidmet).

Im hauseigenen Café gönne ich mir ein Avocado-Sandwich, nach
dessen Genuss ich mit zwei Buchhändlern ins Plaudern gerate. Sie
äußern ihr Bedauern darüber, dass Mitch Kaplan, Gründer und Chef der

Buchhandlung, gerade nicht anwesend ist, weil er die abendliche Veranstaltung mit Jonathan Safran Foer vorbereiten muss.

Ich denke kurz an das Gespräch mit Rameo in Los Angeles zurück, in dem ich sagte, wie gern ich eine Lesung besuchen würde – und als ich nun erfahre, dass es tatsächlich noch eine Karte für mich gibt, muss ich nicht lange überlegen, sondern schnappe mir ein Taxi und fahre zum Temple Judea hinaus, wo die Veranstaltung stattfindet.

Auf die Lesung aus seinem neuen Roman, *Here I am*, folgt eine offene Gesprächsrunde, bei der sich Jonathan Safran Foer nicht nur gewohnt schlagfertig und eloquent gibt, sondern auch über die Hintergründe des Romans spricht, in dem es um Liebe sowie Identität geht und vier Generationen der jüdischen Familie Bloch in den Mittelpunkt des Geschehens rücken ... womit auch die Wahl der Location geklärt wäre.

Am Ende kann ich mein Glück kaum fassen, als ich die Möglichkeit erhalte, kurz mit dem Autor zu sprechen. Zunächst ist er verwundert, einen Zuhörer aus Deutschland in seinem Publikum zu haben. Dann zeigt er sich beeindruckt von meiner Buchhandelsreise und wünscht mir weiterhin schöne Entdeckungen.

Eine Books & Books-Buchhändlerin, die unser Gespräch zufällig mithört, besteht darauf, mich anschließend Mitchel Kaplan vorzustellen, der eine Ikone des US-Buchmarkts ist und noch dazu unfassbar sympathisch: Mit gerade mal 25 Jahren eröffnete er 1982 seine erste Buchhandlung und gab kurz darauf seinen regulären Job als Lehrer auf. In der Folge eröffnete er weitere Buchhandlungen, rief die »Miami Book Fair« ins Leben, an der jährlich dreihundert Autoren teilnehmen, war Präsident der amerikanischen Buchhändlervereinigung und wurde unlängst mit dem »Lifetime Achievement Award« der amerikanischen Buchbranche ausgezeichnet.

»Es war viel Glück dabei«, gibt er sich auf meine Nachfrage überaus bescheiden, »manchmal musst du einfach zur richtigen Zeit am richtigen Ort sein. Und du musst für deine Idee brennen. Aber weißt du was«, fügt er nach einer kurzen Pause hinzu, »ich würde am Ende deiner Reise gern erfahren, was du gelernt und welche Ideen und Inspirationen du mitgenommen hast. Hättest du Lust, dich nach deiner Heimkehr darüber zu unterhalten?«

»Aber klar«, antworte ich umgehend, worauf Mitch eine Visitenkarte aus der Hemdtasche zieht und mir aushändigt. Eine der renommiertesten Buchhandelspersönlichkeiten der USA möchte sich mit mir austauschen, um gegebenenfalls etwas voneinander zu lernen; was für ein unglaubliches Finale ...

... schon gelesen?

Empfehlenswertes amerikanischer Autoren:
Stoner, John Williams
Vincent, Joey Goebel
Extrem laut und unglaublich nah, Jonathan Safran Foer
Geister, Nathan Hill
Was ich liebte, Siri Hustvedt
Ein wenig Leben, Hanya Yanagihara
Der Klang der Zeit, Richard Powers
Gottes Werk und Teufels Beitrag, John Irving
Enzo, Garth Stein

Wo in Buchhandlungen Bäume wachsen und es schwebende Bücherregale gibt ...

12. Kapitel

MEXIKO

In der 38.000 Quadratmeter großen Bibliothek der mexikanischen Hauptstadt gibt es keine Wände, es wirkt als würden die Bücherregale schweben.

Nach einem kurzen Zwischenstopp in Merida, das ungefähr auf halber Strecke zwischen Miami und **Mexiko City** liegt, erreiche ich am Abend des 15. Septembers den Flughafen der mexikanischen Hauptstadt. An der Busstation stelle ich irritiert fest, dass keiner der ankommenden Busse sein eigentliches Ziel im Stadtzentrum ansteuert, sondern die LED-Oberschilder allesamt San Lázaro als Endstation ausweisen, das im Osten der Stadt liegt. Als ich mich bei einem der Busfahrer danach erkundige, bedeutet er mir einzusteigen.

Anschließend versucht er – mit Unterstützung einiger Fahrgäste –, mir den Grund für die Routenänderung zu erklären, wobei wir schnell feststellen müssen, dass es nur eine Sprache gibt, die uns gemein ist: Gesten. So rüttelt eine ältere Frau erst an ihrem Mann, tänzelt dann auf der Stelle und schaut schließlich staunend an die Decke. Ich verkneife mir ein Lachen und fühle mich wie in einer XXL-Version des Gesellschaftsspiels Scharade, ohne die geringste Ahnung zu haben, was die Dame mir mitzuteilen versucht. Weil ich niemanden kränken möchte, nicke ich trotzdem und sage: »Ahhhh, jajaja!«, was die Pantomimin und den Rest des Fahrgäste sehr glücklich macht – so wie mich ihre herzliche Hilfsbereitschaft, die mich nun doch grinsen lässt.

Mit etwas Verspätung löse ich das Rätsel dann übrigens doch noch: Nachdem ich in San Lázaro, das eine Kombination aus Busbahnhof, Bahnstation, Marktplatz und Gemeinschaftstreffpunkt ist, in die Metro umsteige und das Stadtzentrum erreiche, erkenne ich den Grund für die Verkehrseinschränkungen: Alle Straßen und Plätze sind restlos mit festlich geschmückten Mexikanern bevölkert, die lachen, singen, tanzen – und wahllos sämtliche Passanten umarmen. Wie im Hostel erfahre, feiert Mexiko seinen Unabhängigkeitstag – und wie!

Als ich um Mitternacht auf dem zentralen Plaza de la Constitución stehe und das fulminante Feuerwerk bestaune, bin ich von zigtausend Menschen umgeben, die Sombrero und Poncho tragen. Ich kann schon gar nicht mehr zählen, wo oft mich in den letzten Stunden jemand an sich gedrückt hat, und ein fröhliches Glücksgefühl macht sich in mir breit.

Nach einer langen Nacht verlasse ich das Hostel, in dem ich mir das Zimmer diesmal mit 23 Personen teile (Rekord!), am nächsten Morgen erst gegen Mittag, wo in den engen Straßen immer noch der leichte Schwefelgeruch des Feuerwerks hängt und bunte Girlanden an die Feierlichkeiten erinnern.

Für mich geht es nun mit der Metro in den Westen, wo das nächste Buchhandelsziel auf mich wartet:

Cafebrería El Péndulo Polanco

🌐 Alejandro Dumas 81, Polanco IV Secc, 11560 Mexiko City

Das Polanco-Viertel kommt wahrlich malerisch daher: Eine mit dichten Bäumen bewachsene Straße, deren Fahrspuren auf voller Länge eine begrünte Verkehrsinsel voneinander trennt, führt durch den gesamten Bezirk und lockt Spaziergänger wie mich alle paar Meter in die kleinen Seitenarme, in denen Boutiquen und – vor allem – Cafés und Restaurants ihre Türen geöffnet haben.

In der Alejandro Dumas, die auf einen Stadtpark zuführt, findet sich die Cafebrería El Péndulo Polanco, die vor knapp zehn Jahren vom englischen *Guardian* zu einer der zehn schönsten Buchhandlungen der Welt gekürt wurde und, wie der Name bereits verrät, eine Mischform aus Buchhandlung, Café und Restaurant darstellt. Vor dem hellen dreistöckigen Gebäude breitet sich eine großzügige Terrasse aus, über der eine rote Markise den zahlreichen Besuchern Schatten spendet. Sowohl die Tür als auch die Fenster des Gebäudes wirken mit ihren blaurot-verschnörkelten Bögen beinahe orientalisch und sind das optische Highlight der Umgebung.

Als ich die Cafebrería durch den schmalen und niedrig geschnittenen Eingang betrete, nehme ich meine direkte Umgebung nur flüchtig wahr (Tische mit Geschenkartikeln, DVDs, englischsprachige Jugendbücher; links

Oben Unter einem Glasdach wachsen die Bücherregale bei El Péndulo an den acht Meter hohen Wänden bis knapp unter die Decke empor.
Unten Auch die Kleinsten werden bei El Péndulo mit Büchern versorgt – und das sogar zweisprachig.

gelangt man in den Café-Bereich). Im großen, offenen Hauptverkaufsraum wird mein Blick nämlich von etwas anderem gefangen, das mich staunen lässt: Neben unzähligen Bücherregalen wachsen tatsächlich auch Bäume (!) die Wände empor und Kletterpflanzen ranken über und an den Borden entlang. Toll!

Nachdem ich dieses grüne Gestaltungselement ausreichend bewundert habe, mache ich meine übliche Erkundungstour durch die Buchhandlung: Unter dem rund acht Meter hohen Glasdach, das den hinteren Teil mit Tageslicht erhellt, sind drei Wände mit doppelstöckigen Bücherregalen ausgefüllt, an denen auf halber Höhe ein schmaler Balkon aus hellem Holz entlangführt, der auf der vierten – dem Eingangsbereich zugewandten – Seite in eine neue Ebene, das Obergeschoss, übergeht. In diesem Teil, zu dem ein geschwungener Treppenaufgang emporführt, stehen dunkle Bücherregale, die Bestseller und weitere Jugendbücher beherbergen. Für die bunte Kinderbuchabteilung gibt es hier oben sogar einen eigenen Raum. Auf einer Art Balkon sitzen Pärchen, Freunde und Familien an Tischen und plaudern angeregt, während allenthalben ein köstlicher Kaffeeduft in der Luft liegt.

Kurz überlege ich, ob ich mich einfach irgendwo dazusetzen soll, aber dann kehre ich doch erst mal ins Erdgeschoss zurück, wo ich auf Victor Hugo treffe, einen circa vierzigjährigen Buchhändler, der einen gezwirbelten Schnäuzer trägt. Von ihm erfahre ich, dass es die Buchhandlung bereits seit 1993 gibt und El Péndulo inzwischen sechs Filialen in Mexiko City betreibt, von denen diese – natürlich – die Schönste ist.

»Das Besondere ist«, setzt Victor an, »dass sich unsere Buchhandlungen stets ihrer Umgebung und den entsprechenden Wünschen der Kunden anpassen. Bei uns sitzt man zum Beispiel gern zusammen, also laden wir an den Wochenenden Bands für Livekonzerte ein. Außerdem schauen oftmals Touristen vorbei, weshalb wir einige englischsprachige Titel führen. Das trifft aber nicht auf alle Buchhandlungen zu, sodass jede Filiale andere Schwerpunkte setzt.«

Irgendwann kommen wir auf das Thema der Buchpreise zu sprechen, das mich am allermeisten beeindruckt. Auf einem Tisch habe ich zuvor nämlich die spanische Ausgabe von Karl Ove Knausgårds *Un hombre enamorado* (*Lieben*), entdeckt, das mit 556 Pesos ausgezeichnet ist, was knapp 27 Euro entspricht – ein stolzer Preis (das deutsche Taschenbuch kostet 12,99 Euro).

»Ja, das ist kein einfaches Thema«, erklärt Victor, »hier sind Bücher tatsächlich eine kostspielige Angelegenheit, aber viele Mexikaner gönnen sich den Leseluxus trotzdem sehr gern. Ich glaube, bei uns trägt auch die Atmosphäre ein ganzes Stück dazu bei. Viele kommen auf einen Kaffee hierher, fühlen sich rundum wohl und lassen sich dann zum Kauf eines Buches verleiten, das sie gerade entdeckt haben.«

»Ja, diese Gefahr habe ich bereits erkannt«, entgegne ich – und lasse mich dazu hinreißen, *Never Let Me Go* (*Alles, was wir geben mussten*) von Kazuo Ishiguro als nächste Reiselektüre zu erwerben, das bereits bei *Powell's* in Portland mit einem geradezu hymnischen Empfehlungsschreiben im Tippkärtchenformat ausgestattet war.

Als ich mich schließlich verabschiede, hat Victor noch einen Besuchsstipp für mich parat ...

Eine weitere besuchte Buchhandlung Mexikos im Kurzporträt:

Biblioteca Vasconcelos

Eje 1 Norte Mosqueta, 06350 Cuauhtemoc, Mexiko City

Die Biblioteca Vasconcelos ist in vielerlei Hinsicht eine außergewöhnliche Einrichtung, die mir ohne den freundlichen Hinweis des Péndulo-Buchhändlers Victor Hugo ganz sicher entgangen wäre. Im Norden der Hauptstadt, gleich neben dem Bahnhof Buenavista und in einem weitläufigen botanischen Garten beheimatet, grüßt sie straßenseitig zunächst mit einer hohen Glasfront, die von Beton abgesetzt wird. Was sich daran in Längsrichtung anschließt, ist wahrhaft spektakulär und kaum in Worte zu fassen: Mit einer Länge von 250 Metern ist die Biblioteca Vasconcelos (nach dem mexikanischen Schriftsteller, Philosophen und Politiker José Vasconcelos benannt) die größte Bibliothek Mexikos, die rund 38.000 Quadratmeter misst.

Dabei beeindruckt mich gar nicht mal so sehr die Größe, sondern vielmehr die Optik: Der Gebäudekomplex ist ausschließlich aus Glas gefertigt, das im Inneren nur von Stahlelementen gestützt und begleitet wird. Vor allem die Konstruktion der Etagenebenen, in denen es keine Wände, sondern nur Bücherregale gibt, lässt mich mit offenem Mund dastehen, als ich die Bibliothek betrete. Ich kann es kaum fassen, doch die einzelnen Etagen, zu denen in einem breiten Mittelgang Treppen emporsteigen, beginnen nicht am Boden, nein, sie *hängen* von der Decke herab. Und so erinnern die sechs Stockwerke, die sich nach oben hin immer dichter aneinanderreihen, an einen metallenen Lamellenvorhang, der rund fünfhunderttausend Bücher beherbergt. Es sieht aus, als schwebten die Regale ...

Es dauert eine Weile, bis ich mich sattgesehen habe und offen bin für weitere Details. Schließlich entdecke ich an den Seiten mehrerer Ebenen gesonderte Lesebereiche, die zumeist mit gemütlichen Ledersofas locken; außerdem kann man einen der rund siebenhundert öffentlichen PC-Arbeitsplätze nutzen.

Unfun-Fact: Das Prestigeprojekt wurde 2006, eine Woche vor Beginn des hiesigen Wahlkampfes, vom damaligen Staatspräsidenten Vicente Fox eröffnet, obwohl es offenkundig noch nicht funktionsfähig war. 2007 folgte die Quittung auf dem Fuße: Aufgrund von Baumängeln und deren Folgeschäden wurde die Bibliothek Anfang 2007 nochmals vorübergehend geschlossen und saniert. Kosten: umgerechnet über zwei Millionen Euro ...

Librería Porrúa Chapultepec

Paseo de la Reforma, Bosque de Chapultepec, 11580 Miguel Hidalgo, Mexiko-City

»Bosque de Chapultepec« bedeutet auf Deutsch »Wald von Chapultepec« – und dieser Bezeichnung erweist das Gebiet im Westen der Hauptstadt alle Ehre. Die größte Grünfläche Mexiko Citys verfügt über zahllose Attraktionen; so findet man hier unter anderem das Archäologische Museum, einen botanischen Garten, den Zoologischen Garten, ein Schloss und – im Zentrum des Ganzen – einen weitläufigen See, womit dieser Ort eines der beliebtesten Ausflugsziele der Region ist.

Der Weg, welcher von der Hauptstraße in den Südteil des Parks führt, wird dabei gleich zum Auftakt von meiner ganz persönlichen Attraktion gesäumt: Librería Porrúa Chapultepec. Im Jahr 1900 im Zentrum Mexiko Citys gegründet, zählt sie inzwischen zu den hiesigen Traditionsunternehmen – und zugleich zu den erfolgreichsten der Branche: Rund sechzig Buchhandlungen gibt es heute, wobei Porrúa seit 1910 auch sehr erfolgreich verlegerisch tätig ist.

Die Librería im Park von Chapultepec ist dabei die mutmaßlich außergewöhnlichste Buchhandlung der Kette – vermutlich sogar die außergewöhnlichste von ganz Mexiko. Warum? Nun, sie hat keine Wände! Im Stile eines ebenerdigen Baumhauses fügt sie sich elegant in das Grün des Parks ein.

Auf der linken und rechten Seite begrenzt je ein gut vier Meter hohes Bücherregal aus hellem Holz den Verkaufsraum, vorn und hinten ist die Librería komplett offen. Rückwärtig liegt sie an einem See, und die sonnenbeschirmte Terrasse dient zugleich als Anlegestelle für Tretboote. Nach oben hin wird die Buchhandlung von einem Flachdach aus Glasbausteinen abgeschlossen, aus dem in der Mitte ein Baum herauswächst. Seine

229

Im größten Stadtpark grenzt die Libreria Porrúa an den hiesigen See an. Die Leseterrasse ist zugleich eine Anlegestelle für Tretboote, die Buchhandlung ist im Stile eines Baumhauses erbaut.

Wurzeln verlaufen unter dem Holzparkett der Librería bis unter das hauseigene Café.

Tatsächlich ist es ein besonderes Erlebnis, durch diese Buchhandlung zu stöbern, in der man auf Metallleitern zurückgreifen kann, um an die Bücher in den oberen Regalreihen zu gelangen. Rechts im Raum teilen sich Romane und Krimis ein gemeinsames Regal, auf der linken Seite steht die Sachliteratur; dahinter folgen Kinderbücher sowie Titel des angeschlossenen Verlagshauses. Besonders schön: Während des gesamten Besuchs begleitet mich das melodische Gezwitscher der im Park beheimateten Vögel.

Übrigens regnet es natürlich nicht in den Laden herein – nach Ladenschluss werden die Vorder- und Rückseite der Buchhandlung mit einer

Plane verschlossen. Und: Unter dem Glasdach sorgen verstellbare Lamellen und Sonnensegel dafür, dass die Lichteinstrahlung nicht die Bücher schädigt.

Fun-Fact: Wie ich hier feststellen darf, hat das Cover der deutschsprachigen Ausgabe von *Das schönste Wort der Welt* (Margaret Mazzantini) einen mexikanischen Doppelgänger: *Delirio* (Laura Restrepo).

... schon gelesen?

Empfehlenswertes mexikanischer Autoren:
Das wilde Buch, Juan Villoro
Die Schwerelosen, Valeria Luiselli
Aufschlag Caravaggio, Álvaro Enrigue
Der König, die Sonne, der Tod, Yuri Herrera
Pedro Páramo, Juan Rulfo
Madrid, Mexiko, Antonio Ortuño
Emilia, Angeles Mastretta
Ich verkauf dir einen Hund, Juan Pablo Villalobos

Wo man Bücher kaufen kann,
die es gar nicht gibt ...

13. Kapitel

CHILE

Inmitten der Librería Antártica ragt eine hölzerne Säule empor. Die Balustrade der Wendeltreppe ist mit den Namen bekannter Autoren beschrieben.

Nach einer Zwischenlandung in Lima, Peru, erreiche ich den Flughafen von **Santiago** am 19. September gegen drei Uhr morgens. Von den Geschäften im Obergeschoss haben nur noch ein Fast-Food-Restaurant sowie eine Wechselstube geöffnet, während im Untergeschoss zwei Taxifahrer gähnend gegen ihre Müdigkeit ankämpfen und auf Fahrgäste hoffen.

Da ich noch kein Hostel gebucht habe und auch nicht verlässlich herausbekomme, wo ich um diese Uhrzeit noch einchecken könnte – wie mir mein Sitznachbar im Flieger nämlich mitteilte, sind sowohl der 18. als auch der 19. September in Chile gesetzliche Feiertage (Unabhängigkeitstag und Tag des Heeres) –, entscheide ich mich dazu, den Rest der Nacht im Flughafen zu verbringen. Auf der Suche nach einem geeigneten Platz entdecke ich in der Empfangshalle einen Bereich mit Holzbänken, von denen einige bereits, wohl aus ähnlichen Gründen, in Beschlag genommen wurden.

Mit meinem Rucksack im Nacken lege ich mich auf eine freie Bank und wende all meine Kraft und Konzentration dafür auf, *nicht* einzuschlafen. Irgendwann brennen meine Augen jedoch so sehr, dass ich sie kurz schließe – als ich sie öffne, dämmert es bereits, und es sind zweieinhalb Stunden vergangen. Panisch schnelle ich hoch und überprüfe, ob mein Gepäck noch vollständig vorhanden ist; dabei habe ich tatsächlich mehr Glück als Verstand, denn ein dankbareres Diebstahlopfer als einen schlafenden Touristen im menschenleeren Flughafen gibt es wohl kaum.

Auf diesen Schreck genehmige ich mir erst einmal einen Schokomuffin, bevor es mit dem Shuttlebus in die Innenstadt geht. Nach einem kurzen Zwischenstopp im Hostel muss ich schnell feststellen, dass der Feiertag hier sehr ernst genommen wird und selbst im unmittelbaren Zentrum alles verschlossen ist. Einzig der Plaza de Armas versprüht etwas Leben: Rund um den palmenbewachsenen Platz, den Kirchen und ein Museum einrahmen, finden kleine Konzerte und Diskussionsrunden statt. Zudem haben hier auch einige Restaurants sowie eine Eisdiele geöffnet, was an diesem heißen Wintertag mit weit mehr als dreißig Grad dankend angenommen wird – und auch ich reihe mich gern für eine Erfrischung in die Schlange der Wartenden ein ...

Am nächsten Tag mache ich mich dann endlich auf den Weg zu meinem chilenischen Buchhandelsziel, was mit einer besonderen Entdeckung einhergeht. Vom Plaza Baquedano schlendere ich die Avenida Providencia in nordöstliche Richtung entlang, die zunächst neben einem langen Park verläuft, bevor dieser von Geschäftshäusern und Einkaufszentren abgelöst wird. Dabei stoße ich – etwa auf Höhe der Haltestelle Manuel Montt – zur linken Seite auf eine Einkaufspassage, die fast ausschließlich aus Buchhandlungen besteht: Feria Permanente del Libro usado.

Die drei überdachten Gänge beherbergen 79 kleine Geschäfte, die allesamt aus rot gerahmten Glaskästen bestehen und zu über achtzig Prozent Buchhandlungen sind. Das Besondere: Jedes dieser kleinen Antiquariate bedient eine eigene Nische, sodass man sich nicht etwa die Kunden stiehlt, sondern sich gegenseitig ergänzt. Während es in der Buchhandlung 65 (ja, sie sind einfach nummeriert und tragen keine eigenen Namen) vor allem Romane fürs Herz gibt (ich entdecke unter anderem Bücher von Marc Levy und Muriel Barbery), hat sich Buchhandlung 25a auf Biografien und politische Sachbücher spezialisiert – an anderer Stelle finde ich sogar eine kleine Auswahl an deutschen Büchern: *Sansibar und der letzte Grund* (Alfred Andersch) trifft auf *Das Erich-Kästner-Buch* (herausgegeben von Rolf Hochhuth im Ledereinband) sowie eine Diogenes-Ausgabe von Loriots *Nimm's leicht.*

Nach einer Weile des Stöberns setze ich, beschwingt von dieser schönen Entdeckung, meinen Weg fort, der gut sechs Kilometer nordöstlich des Zentrums endet:

Librería Antártica (Costanera Center)

📍 Avenida Andrés Bello 2447, 1190 – Providencia, Santiago

Das Costanera Center, 2012 eröffnet, besteht aus dem Gran Torre Santiago, das mit seinen 64 Etagen das höchste Gebäude Lateinamerikas ist, sowie der angeschlossenen Shopping Mall, bei der es sich wiederum um das größte Einkaufszentrum Südamerikas handelt. Um den literarischen Bedarf der Besucher kümmert sich auf der ersten Etage die Librería Antártica, deren breite Schaufensterfront durch ihren Rahmen aus hellem Nussbaum auffällt.

Innen setzt sich die Nussbaum-Optik in nahezu jedem Detail fort, angefangen bei den Bücherregalen, die im offenen Raum auf zwei Etagen verteilt sind, bis hin zu der kleinen Galerie, die auf halber Höhe verläuft und deren Balustrade mit Autorennamen beschriftet ist. Man erreicht diese Ebene über eine Treppe im hinteren Teil der Buchhandlung, die um eine dicke Säule aus lamellenförmig angeordneten Holzelementen verläuft. Diese strecken sich bis zur Decke empor, wo sie sich wie eine Baumkrone in alle Richtungen entfalten. Sehr schick!

Ich bestaune diesen Anblick eine Weile, bevor ich mich dem Sortiment widme. Auf dem schwarzen Granitboden im Untergeschoss präsentieren mir zahlreiche Tische Bücher jeglicher Couleur – Romane, Krimis, Sach- und Bilderbücher –, aber auch Globen, Notiz- und Sprachlernbücher.

Inmitten dieser Kulisse entdecke ich Claudio, einen gut 45-jährigen Buchhändler, der akkurat frisierte Haare, ein blaues Hemd sowie ein D'Artagnan-Bärtchen trägt. Wir geraten ins Plaudern, und er erzählt mir, dass es die Antártica-Kette schon seit gut sechzig Jahren gibt. Heute zählt sie mit zwanzig Filialen zu den größten Buchhandlungen des Landes und verlegt sogar eigene Bücher.

Die Feria Permanente del Libro usado ist eine Einkaufspassage, die fast ausschließlich aus Buchhandlungen besteht. Diese konkurrieren nicht, sondern ergänzen sich bezüglich ihres Sortiments perfekt.

Als wir auf den Buchhandel zu sprechen kommen, gibt er sich zunächst zögerlich und fährt sich durch sein Haar, bevor er meint: »Tja, das war lange Zeit ein schwieriges Thema. Wir haben inzwischen einen Steuersatz von 19 Prozent auf Bücher, was deren Preise stark in die Höhe treibt.« Beispielsweise kostet die Paperback-Ausgabe von Mario Vargas Llosas *Cinco esquinas* (*Die Enthüllung*) umgerechnet 19 Euro, nur fünf Euro weniger als die Hardcover-Ausgabe in Deutschland. Claudio seufzt. »Die hohen Preise führten lange Zeit dazu, dass sehr wenig gelesen bzw. gekauft wurde – und manchmal brachte es skurrile Blüten der Piraterie hervor. Als vor ein paar Jahren der langersehnte neue *Harry Potter*-Band erschien, konnte man ihn erst nur auf Englisch kaufen. Und noch dazu war er sehr teuer. Irgendwer machte sich dann selbstständig an die spanische Übersetzung und brachte eine riesige Menge davon in Umlauf. So wurde ein Buch zu einem einigermaßen erschwinglichen Preis verkauft, das jeder lesen wollte – das es offiziell aber gar nicht gab. Das Ganze flog erst auf, als eine beträchtliche Menge beschlagnahmt wurde. Na ja, eine gute Sache hatte das Ganze: Ein Richter verfügte nämlich, dass die illegalen Übersetzungen nicht etwa vernichtet, sondern kostenlos in ärmeren Regionen des Landes verteilt wurden, weil Lesen ein Grundbedürfnis ist. Somit hatte selbst diese verboten angefertigte Ausgabe ihr Gutes.«

»Wow, das ist wirklich schön. Aber auch ein bisschen traurig«, sage ich.

»Ja«, erwidert Claudio und deutet dann bedeutsam in den Hintergrund, wo zahlreiche Kunden über die Büchertische und in den Regalen stöbern. »Aber das Schöne ist, dass sich das Bild in den letzten Jahren wieder gewandelt hat; du siehst es selbst. Vor allem die Jugend besucht uns in Scharen und ist ganz verrückt nach Serienromanen.«

»Es ist wirklich gut, das zu hören«, antworte ich. »Ich hatte den Andrang zunächst dem Einkaufscenter zugeschrieben. Ich wünsche euch jedenfalls sehr, dass es so bleibt, denn ich finde eure Buchhandlung großartig. Selbst in der allgemeinen Hektik dieser Mall schafft ihr einen Ort der Ruhe. Einfach toll.«

Auf seine Bitte schreibe ich Claudio die Adresse meiner Facebook-Seite auf einen Notizzettel, bevor ich mich von ihm und der Buchhandlung verabschiede.

... schon gelesen?

Empfehlenswertes chilenischer Autoren:

Der Rest ist Schweigen, Carla Guelfenbein
2666, Roberto Bolaño
Der Träumer, Pam Muñoz Ryan
Die Filmerzählerin, Hernán Rivera Letelier
Ferngespräch, Alejandro Zambra
In deinen Träumen reist dein Herz, Pablo Neruda
Mit brennender Geduld, Antonio Skármeta
Das Geisterhaus, Isabel Allende

Wo man in der Weltstadt der
Bücher an jeder Straßenecke
auf eine Buchhandlung trifft,
Buchstaben verblassen
und ich die Schönste aller
Vokabeln lerne …

—————————————————

14. Kapitel

ARGEN
TINIEN

Eindrucksvoll: Das El Ateneo Grand Splendid ist in einem ehemaligen Theater beheimatet; die Oberränge bilden heute ein Bücherregal.

Am 21. September erreiche ich den Flughafen **Buenos Aires**-Ezeiza, wo ich nicht den touristischen Bus-Shuttle in Richtung Innenstadt wähle, sondern mit dem regulären Linienverkehr von einer Ortschaft in der Umgebung sehr umständlich zur nächsten gondle, manchmal in beachtenswerten Schleifen. Auf diese Weise benötige ich für die Strecke von knapp 25 Kilometern zwar fast zwei Stunden, lerne aber einiges über die Hauptstadt und bekomme auch die landschaftlich ärmlich geprägten Teile der Randbezirke zu Gesicht. Was sämtlichen Vierteln gemein ist: Es wird immer und überall Fußball gespielt – selbst auf dem Grünstreifen neben der Autobahn; die Argentinier sind schlichtweg verrückt nach diesem Sport!

Als wir schließlich das Zentrum erreicht haben, schlendere ich von der Avenida Hipólito Yrigoyen in Richtung meiner Unterkunft, wobei ich den Plaza Mariano Moreno passiere und Kilometer null „besichtige", von dem aus alle Entfernungen ab Buenos Aires gemessen werden. Während es in Chile noch unglaublich heiß war, fühlt sich das Wetter hier – an der gegenüberliegenden Küstenseite des südamerikanischen Kontinents – wie ein schöner Herbsttag an. Die Sonne scheint mild vom wolkenlosen Himmel herab, und die Luft ist frisch und klar. Auf den eingezäunten Grünflächen des Parks wird Boccia und – natürlich – Fußball gespielt. Auf der Westseite sprudelt ein Springbrunnen, dahinter blitzt das mintgrüne Kuppeldach des Nationalkongresses in der Sonne.

Nachdem ich in meinem Hostel eingecheckt habe, setze ich mich mit meinem Laptop auf den schmalen Balkon, wo ich ein paar Reiseberichte ausarbeite und die entsprechenden Fotos sichte. Nach einer Weile tippt es von hinten auf meine Schulter, und Bruno, ein älterer Argentinier, der sich mit zweien seiner Freunde und mir das Zimmer teilt, sieht mich vorwurfsvoll an. Mit seiner linken Hand macht er eine ausladende Bewegung in Richtung der Häuserschlucht, die sich unter dem Balkon auftut, und sagt dabei nur zwei Worte, die jedoch nach deutlich mehr klingen: »La vida ...«

Natürlich hat er recht, zumal es bald schon dämmert, und so packe ich meinen Laptop beiseite und gehe nach draußen, wo das Leben pulsiert und ich mich über die Avenida Callao meinem nächsten Buchhandelsziel annähere:

El Ateneo Grand Splendid

⊕ Avenida Santa Fé 1860, 1123 Buenos Aires

Buenos Aires ist nicht nur die Stadt des Tangos, in der im 19. Jahrhundert sowohl der Tanz an sich als auch die Musikrichtung ihre Anfänge nahmen, sondern zudem die Stadt der Bücher, und zwar ganz offiziell: 2011 verlieh die UNESCO Buenos Aires diese Auszeichnung, nicht zuletzt deshalb, weil es in der argentinischen Hauptstadt knapp siebenhundert Buchhandlungen bzw. Literaturorte gibt, sodass man beinahe an jeder Straßenecke darauf stößt. Das Kultusministerium hat unlängst sogar einen englischsprachigen Reiseführer herausgegeben, der sämtliche Buchhandlungen der Stadt porträtiert. Und wenn es in Buenos Aires *einen* Ort gibt, der beide Kulturgüter miteinander vereint, dann ist dies zweifellos das El Ateneo Grand Splendid.

Auf der Avenida Fé gelegen, einer der beliebtesten Flaniermeilen im Recoleta-Viertel, findet man die Buchhandlung in einem auffallend schönen neunstöckigen Gebäude, dessen weiße Fassade Stuck und schmuckvolle Pilaster zieren. Aus dem Mittelteil ragt ein runder Erker hervor, und filigran ausgearbeitete Skulpturen, die griechischen Göttern der Antike ähneln, stützen kleine Balkone. Ein großer, prächtiger Torbogen, über dem in goldenen Lettern der Name der Buchhandlung prangt, führt in das Gebäude hinein. Und wer diesem Weg folgt, der ist unwiderruflich verloren, denn niemand, der die Buchhandlung einmal betreten hat, kann sich dem Zauber von El Ateneo Grand Splendid entziehen.

Im goldwarmem Licht des Foyers, das einen einlullt und willkommen heißt, spüre ich, wie sich diverse Verspannungen in meinen

Muskeln lösen (zu viele Flugzeug- und Bussitze in den letzten Wochen!) und sich ein Gefühl der Behaglichkeit einstellt. In aller Ruhe lasse ich den Raum auf mich wirken. Massive Marmorsäulen tragen das Dach über

Der goldene, mit Büchern gefüllte Theatersaal des El Ateneo Grand Splendid, führt auf eine Bühne zu. Diese ist Café, Leseplatz und Konzertfläche zugleich.

einem ringförmigen Atrium im Zentrum, von wo aus man in die oberen Etagen sehen kann. Auf den Präsentationstischen türmen sich neben ausgewählten Taschenbüchern und Musik-CDs Reiseführer und Kunstbände zu Pyramiden auf.

Ich verlasse den Eingangsbereich, um mich dem großen Hauptsaal zu widmen, und spätestens hier stockt mir vollends der Atem ob der anmutigen Schönheit dieses Ortes: In die Wände am Ende des Foyers sind kleine ornamentbestückte Kassenhäuschen eingearbeitet, neben denen sich auf beiden Seiten Wendeltreppen in die Obergeschosse hinaufschrauben. Dahinter verdoppelt sich die Breite des Raumes und eröffnet eine Kulisse, die mich für einige Momente andächtig stillstehen lässt: Ich befinde mich in einem riesigen goldenen Theatersaal, der vollständig mit Bücherregalen ausgefüllt ist und auf eine große Bühne mit samtrotem Vorhang zuführt. Sie dient sowohl als Café als auch als Veranstaltungsort für klassische Instrumentalkonzerte in den Abendstunden, bei denen sich die Musik fast unmerklich ins Geschehen einfügt und keinesfalls stört oder gar dominiert.

Um den Raum herum verlaufen insgesamt drei goldfarbene, ornament- und friesverzierte Ränge, die statt gepolsterten Zuschauerreihen Bücherregale tragen. Links und rechts der Bühne prunken ehemalige Einzellogen, die heute als Leseplätze dienen. Über die Decke zieht sich ein Fresko des italienischen Künstlers Nazareno Orlandi, welches mit seinen Wolken- und Engelelementen beinahe wie ein Himmel anmutet und perfekt erhalten ist.

Ein Aufsteller neben der Rolltreppe, die zur Kinderbuchabteilung hinabführt, weist die El Ateneo als »zweitschönste Buchhandlung der Welt« aus, wobei man sich hier ebenfalls auf die Liste im englischen *Guardian* bezieht.

Ich spreche einen jungen Buchhändler an, der gerade drei Exemplare der spanischen Ausgabe von Sebastian Fitzeks *Noah* zum Einsortieren in der Hand hält (die hier – wenig überraschend – ebenfalls *Noah* heißt), und erkundige mich nach der unverkennbaren Historie des Gebäudes. Ursprünglich, das heißt im Jahre 1919, wurde es als Theater konzipiert und eröffnet, in dem Tango-Koryphäen wie Francisco Canaro oder Carlos Gardel gastierten. Ende der zwanziger Jahre funktionierte man das Haus dann zu einem Kino um, bevor es später – für eine ganze Weile – leer stand. Im Jahr 2000 wurde es schließlich von der Grupo Ilhsa aufgekauft, aufwendig restauriert und in die heutige Buchhandlung umgewandelt. Der ursprüngliche Charakter blieb erhalten, sodass dieser einzigartige Ort – eine Kombination aus Buchhandlung, Café und Musiktheater – entstehen konnte.

»Ich bin jetzt seit bald drei Monaten unterwegs«, sage ich, »aber die Stimmung hier ist wirklich einzigartig.«

»Ja«, entgegnet der junge Buchhändler, während er die Bücher ins Regal räumt,»und tatsächlich kommt es einem auch nie ›normal‹ vor. Manchmal, vor allem dann, wenn hier in den späten Abendstunden Musik spielt und nicht mehr ganz so viel zu tun ist, muss ich mich richtig darauf konzentrieren, das Arbeiten nicht zu vergessen.«

Als ich mich ein weiteres Mal staunend um die eigene Achse drehe, zücke ich mein Handy und schicke Frauke, bei der es schon frühe Nacht ist, ein Panoramafoto der Buchhandlung.

»Mir fehlen die Worte«, schreibe ich ihr,»... irgendwann müssen wir gemeinsam hierhin. Zur Einstimmung gibt es schon mal ein Foto. :-)«

»Wow ... das ist wirklich wahnsinnig schön«, schreibt sie wie immer fast umgehend zurück,»ich wollte gerade schlafen gehen und weiß jetzt, wovon ich ganz sicher träumen werde.«

Ich bin so begeistert, dass ich *jeden* Abend meines dreieinhalbtägigen Argentinien-Aufenthalts in dieser Buchhandlung verbringe und die einzigartige Atmosphäre genieße, zumeist vom obersten Rang des Saales aus, wo man den besten Ausblick auf die rund 120.000 Bücher fassende Librería und ihre Kunden hat. Nicht selten verführt die Kombination aus Kulisse und Livemusik die Besucher dazu, leicht tänzelnd zwischen den Regalreihen entlangzuschlendern – und manchmal kann man sogar einen der Anzug und Krawatte tragenden Sicherheitsbeamten versonnen an einer Balkonbalustrade lehnen sehen.

Als sich eine Frau mit dunklem Pagenschnitt bei kleinen Tanzschritten von mir ertappt fühlt, setzt sie zunächst zu einem verlegenen Lächeln an, bevor sie mit ihrer Hand ins weite Rund deutet.

»Hermoso«, sagt sie, was auf Deutsch »schön« bedeutet. Doch nicht nur der Klang des spanischen Wortes wirkt deutlich angemessener – ich könnte mir sogar vorstellen, dass dieser Begriff genau hier erfunden wurde.

Fun-Fact: Im Gegensatz zu vielen anderen Buchhandlungen produziert und verkauft das El Ateneo Grand Splendid keine eigenen

Merchandise-Produkte; als ich die Buchhändler nach Postkarten frage, wirkt man beinahe irritiert. Im Grunde passt dies aber zum übrigen Gestus: Man gibt sich bescheiden sowie zurückhaltend und lässt die Buchhandlung für sich sprechen.

Weitere besuchte Buchhandlungen in Buenos Aires im Kurzporträt:

La Librería de Ávila / Librería del Colegio

⊕ Adolfo Alsina 500, 1087 Buenos Aires

Die Librería de Ávila befindet sich nur einen Steinwurf vom Plaza de Mayo entfernt, dem zentralen Platz der Hauptstadt, welcher – ganz im Osten gelegen – das Gründungsgebiet von Buenos Aires markiert. Die Buchhandlung, die ihren Beinamen Librería Del Colegio der hiesigen Universität zu verdanken hat, betreibt ihr Ladengeschäft in einem Eckgebäude auf der Calle Adolfo Alsina Bolivar. Das doppelstöckige Schaufenster, das sich um die Straßenecke schmiegt, ist braun gerahmt und präsentiert in der Auslage eine breite Auswahl der vorrätigen Titel, die von antiquarischen Büchern über aktuelle Romane bis zu Biografien und Reiseführern reichen.

Links des Eingangs ziert eine staatliche Plakette die beigegraue Fassade, welche die Librería nicht nur offiziell als Kulturstätte des öffentlichen Interesses auszeichnet, sondern die Buchhandlung auch als älteste der Hauptstadt ausweist – 1785 gegründet.

Tatsächlich scheint innerhalb der Librería de Ávila ein wenig die Zeit stehen geblieben zu sein: Aus einem alten Grammofon erklingt Tangomusik, und die Tische ringsum sowie die doppelstöckigen Bücheregale bestehen aus antikem Holz. Die Auswahl der Buchtitel ist vor allem im Erdgeschoss besonders – hier findet man bevorzugt Bücher zu den Themen Tango, Theater und Folklore. Reiseführer, Postkarten, historische Romane sowie ein paar Angebotstische komplettieren das Bild. In den beiden Räumen des Untergeschosses treffen abblätternde Wandfarben

und flackernde Neonröhren auf historische Bücher, fremdsprachige Romane sowie Landkarten und Poster.

Die älteste Buchhandlung von Buenos Aires: Tradition und Charme der Librería de Ávila verführen besonders in den Abendstunden zu spontanen Besuchen.

Vor allem die Gebrauchtbuchschnäppchen sorgen für einen angenehmen Duft nach altem Papier, der sich dezent in die Luft legt und in Kombination mit den knarrenden Dielen und Galerien, den schiefen Regalen und den wackeligen Tischen wahrhaft das Gefühl einer Zeitreise aufkommen lässt.

Nachdem ich mich gründlich umgesehen habe, treffe ich schließlich auf Junior, Sohn des Eigentümers, der mir berichtet, wie sehr die Geschichte der Buchhandlung mit der seines Vaters verbunden ist – um ein Haar hätte es die älteste Librería der Stadt nämlich gar nicht mehr gegeben. 1785 eröffnet, ist die Buchhandlung – genau genommen – sogar älter als Argentinien selbst, das erst 1816 die Unabhängigkeit von Spanien feierte. Während Bücher zunächst nur ein Randsortiment waren (man verkaufte sie in Apotheken unter anderem neben Lebensmitteln und Alkohol), bildeten sich in der Folge die klassischen Buchhandlungen heraus, von denen es bald einige gab.

Alles lief gut, bis die Librería vor gut dreißig Jahren in unternehmerische Schwierigkeiten geriet und einem Schnellrestaurant weichen sollte. Viele Argentinier konnten und wollten sich damit nicht abfinden – allen voran Manuel Avila, Juniors Vater. Als Kind hatte er in *dieser* Buchhandlung seine Liebe zu Büchern entdeckt, als Schüler arbeitete er gar als Fahrradkurier für die Librería – und inzwischen war er selbst Buchhändler geworden, der sich nun zu einem folgenschweren Entschluss genötigt sah: Er kaufte die Librería del Colegio und sorgte auf diese Weise dafür, dass Buenos Aires seine älteste Buchhandlung erhalten bleibt. Und das hoffentlich noch für sehr viele Jahre und Jahrzehnte ...

Übrigens: Von der mexikanischen Zeitschrift *Travesías* wurde die Librería de Ávila zu einer der sechs wichtigsten Buchhandlungen der Welt ernannt.

Eterna Cadencia

 Honduras 5574, 1414 Buenos Aires

Die Buchhandlung Eterna Cadencia liegt im Nordosten von Buenos Aires, im jungen, aufstrebenden Szeneviertel Palermo Hollywood, das vor allem Restaurants, Bars und Cafés dominieren. In einer ruhigen Einbahnstraße, der Calle Honduras, schließt sich neben eines der vielen Cafés die beigegraue Fassade der Buchhandlung an, auf der über dem verschnörkelten Namensschriftzug der Librería ein roter Stern strahlt. Um Einlass zu erhalten, muss man an der dunkel gerahmten Tür läuten, was mich an renommierte Juwelierläden erinnert.

Und tatsächlich kommt die Buchhandlung ausgesprochen edel und gediegen daher. Sie besteht aus zwei Räumen, die ein langgezogener Gang

Deckenhohe Bücherregale, randvolle Tische und doppelstöckige Kronleuchter: Bei Eterna Cadencia fühlt sich jeder Buchliebhaber auf Anhieb wohl.

miteinander verbindet. Auf den Dielenböden stehen dunkelbraune oder schwarze Holzregale mit feiner Maserung, die bis unter die dreieinhalb Meter hohe Decke reichen und restlos mit Büchern ausgefüllt sind. Während im Verbindungsgang rechteckige Softboxen für die perfekte Ausleuchtung sorgen, hängen in den Verkaufsräumen fein gestaltete, im Foyer sogar doppelstöckige Kronleuchter.

Im sonnigen Innenhof liegt die hauseigene Café-Bar, die mit zahlreichen Orimotos geschmückt ist – eine Meisterschaft, die aus Japan stammt und bei der durch das richtige Falten von Buchseiten dreidimensionale Kunstwerke zwischen den Buchdeckeln entstehen.

Das Sortiment der Eterna Cadencia ist sehr breit und vielfältig, wobei der hohe Anteil an Titeln aus unabhängigen Verlagen sowie deren Ideenreichtum auffällt. So entdecke ich zum Beispiel einen Buchumschlag mit einer grafischen Verlängerung des aufgedruckten Barcodes, der wie Spaghetti von einer Gabel aufgedreht wird und den ohnehin sehr schön gestalteten Gedichtband *Muta* von Gabriela Clara Pignataro damit perfekt abrundet (das Cover zeigt eine Libelle, deren Körper ein Diamant ist). Eine andere Kuriosität ist etwas für praktisch veranlagte Leser: Bei dem Buch *El Apocalipsis* von Juan Villoro (Verlag Almadia) sind Teile des Umschlageinbandes perforiert, sodass man ihm ein Lesezeichen entnehmen kann – und die Aussage des Covers plötzlich eine ganz andere wird.

Am außergewöhnlichsten ist jedoch die Entstehungsgeschichte der Buchhandlung: Pablo Braun hatte 2004 sowohl eine private Trennung als auch den Verlust seines Arbeitsplatzes zu verkraften. Um nicht im Schmerz zu ertrinken, flüchtete er sich mehr und mehr in die Welt der Bücher, bis er schließlich eine eigene Buchhandlung eröffnen wollte. Kurzerhand übernahm er ein abrissreifes Haus im Palermo-Viertel, das damals noch nicht so angesagt war, und gestaltete es über mehr als ein Jahr aufwendig um. Ende 2005 begann das Buchhändler-Abenteuer, das heute besser denn je läuft: Nicht nur die Buchhandlung selbst wurde ausgebaut, sondern es kamen das Café, die Bar, eine Lounge und ein eigener Verlag hinzu, dessen Gesamtkatalog inzwischen rund 150 Titel umfasst.

Beinahe weltberühmt wurden Verlag und Buchhandlung im Jahr 2012: Um ein größeres Bewusstsein dafür zu schaffen, dass Bücher nicht nur gekauft, sondern auch gelesen werden müssen, um jungen Autoren und Programmen eine Chance zu geben, ließ Pablo Braun ein spezielles Druckverfahren entwickeln, bei dem die Buchstaben eines Buches nach und nach verblassen, sobald sie mit Luft und Licht in Berührung kommen (zuvor ist es eingeschweißt – öffnet man die Folie, hat man zwei Monate Zeit, bis das letzte Zeichen verschwunden ist). Mit dieser Technologie, die Pablo Braun *The book that can't wait* nannte, veröffentlichte er eine Anthologie aufstrebender lateinamerikanischer Autoren – und erhielt eine nie zuvor dagewesene Resonanz. Die Presse überschlug sich, und das Buch war am ersten Tag bereits ausverkauft. Später gewann die Idee unter anderem vier Goldene Löwen in Cannes; der entsprechende Werbespot wurde natürlich in der Buchhandlung Eterna Cadencia gedreht: http://tinyurl.com/Video-Cadencia

... schon gelesen?

Empfehlenswertes argentinischer Autoren:
Die Ewigen, Martín Caparrós
Liebe mit offenen Augen, Jorge Bucay
Mein Name ist Luz, Elsa Osorio
Ein wenig Glück, Claudia Piñeiro
Gespenster, César Aira
Purgatorio, Tomás Eloy Martínez

Wo Buchhandlungen über Lesetribünen verfügen, die größte Buchhandlung Lateinamerikas zuhause ist und ich die zukünftige Quidditch-Weltmeisterin treffe …

———————————————

15. Kapitel

BRASI
LIEN

Schon im Eingangsbereich entfaltet die Livraria Saraiva ihren Charme: Vor ein‹ sieben Meter hohen Bücherwand hängt ein kunstvolles Literatur-Mobile.

Als ich am frühen Morgen des 25. Septembers in **São Paulo** lande, fühlt sich mein Gepäck mit einem Mal deutlich schwerer an als sonst. In nicht einmal einer Woche werde ich in Rio de Janeiro, rund vierhundert Kilometer östlich von hier, den Rückflug in Richtung Heimat antreten – eine Vorstellung, die sich in diesem Moment überaus befremdlich anfühlt und mich mit einer gehörigen Portion Melancholie erfüllt.

Als ich kurz darauf in einem recht leeren Shuttlebus sitze, der sich über holprige Straßen und durch karge, nebelverhangene Landschaften ins rund dreißig Kilometer entfernte Stadtzentrum müht, nutze ich die Zeit, um die zurückliegenden Stationen, Erlebnisse und Bilder meiner Reise in Gedanken Revue passieren zu lassen: die Übernachtungen im **Book & Bed** Tokios, der verrückte Polizist in China, die Mofa-Taxifahrt in Thailand, die wunderbaren Zufallsentdeckungen wie das **Housing Works** in New York und nicht zuletzt: der Traum einer Buchhandlung in Buenos Aires ... wie schön, ereignisreich und vielfältig das alles war!

Nach meiner Europareise im Vorjahr habe ich nun achtzig weitere Buchhandlungen auf vier Kontinenten besucht, in denen Literatur zwar sehr unterschiedlich inszeniert und gelebt wird, die aber manches gemein haben: die Ruhe, die Anmut, die stete Einladung zum Stöbern und Entdecken sowie das garantierte Aufspüren besonderer Bücher und Geschichten.

Als ich gerade an die drei Freunde aus Kuala Lumpur zurückdenke, die Obdachlose mit Essen und kleinen Büchlein versorgen, und mich frage, warum ich selbst eigentlich noch nie auf eine solche Idee gekommen bin, erreichen wir mit dem Rio Tietê, der im Norden von São Paulo liegt, einen Umschlagplatz des öffentlichen Nahverkehrs. Ich steige in die Metro um, wo mir die erste schöne Überraschung Brasiliens begegnet: In den Wartebereichen auf den Bahnsteigen bieten Buchautomaten (!) jeweils bis zu dreißig verschiedene Titel an. Ob Sachbuch oder Roman: Hier kommt jeder auf seine Kosten, der spontan eine Lektüre für die Bahn sucht.

Nach einem Abstecher in mein Hostel im Süden der Stadt steuere ich mein erstes Buchhandelsziel an:

Livraria Cultura Iguatemi

🌐 Avenida Brigadeiro Faria Lima 2232, 3. Etage, Jardim Paulistano, 01489–900 São Paulo

1938 floh die Jüdin Eva Herz aus Berlin nach Brasilien und gründete – zu einer neuen Existenz gezwungen – in São Paulo die Livraria Cultura. Aus der privaten Leihbücherei entstand 1947 die erste Buchhandlung, und heute gibt es neben dem Stammhaus auf der Avenida Paulista (siehe Kurzporträts) insgesamt 17 Filialen der Livraria Cultura, die nach Eva Herz' Tod (2001) ihr Sohn Pedro sowie die Enkel Sérgio und Fábio leiten.

Die Buchhandlung, die ich besuche, liegt im Südwesten São Paulos im Iguatemi-Einkaufscenter. Sie ist zwar nicht die größte, aber die schönste und vielleicht außergewöhnlichste Dependance und fügt sich perfekt in die Luxusmall ein.

Im Schatten der engen und hohen Bebauung des Zentrums, in dem sich unzählige graue Wolkenkratzer profillos aneinanderreihen, kommt das Iguatemi deutlich charakteristischer daher: Hohe Palmen wachsen vor dem edlen Gebäude aus Kalkstein-Marmor, dessen dunkel getönte Fenster im hellen Tageslicht beinahe selbst wie Gestein aussehen. Innen glänzt überall weißer Marmor, und auf den einzelnen Shopping-Ebenen grünen kleine Gärten und sprudeln Brunnen.

Auf der dritten Etage des Ostflügels geleitet ein rund acht Meter breiter Eingang in die Livraria Cultura Iguatemi hinein. Helles Parkett führt durch den großen, hohen Raum, an dessen weißen Wänden LED-illuminierte Regale mit CDs, DVDs und Vinyls stehen. Hinter den drei großen, hölzernen Tischen des Eingangsbereichs, auf denen

aktuelle Buchempfehlungen ausliegen, führt
eine Rolltreppe ins erste Obergeschoss hinauf. Größentechnisch stellt es nur eine Über-
gangsebene in Form eines Mezzanines dar,
das inhaltlich jedoch umso mehr zu überra-

Das Obergeschoss der Livraria
Cultura Iguatemi ist das Herzstück
der Buchhandlung: Zwischen
doppelstöckigen Bücherregalen kann
entspannt geschmökert werden.

schen weiß: Die Livraria Cultura hat nämlich die neue, ganz eigene
Themenwelt GEEK.ETC.BR geschaffen, die sich an den Interessen des
vorwiegend jungen Publikums orientiert und neben Funko-Pop-Figuren allerhand Merch zu Computerspielen, Trickserien und Fantasie-
welten anbietet, was der Buchhandlung großen Zulauf beschert.

Obwohl ich den Altersdurchschnitt auf der Etage deutlich erhöhe,
stöbere ich ein wenig herum, bevor ich über eine weitere Rolltreppe ins
Obergeschoss gelange, welches das absolute Highlight der Buchhandlung

darstellt – und der Grund für meinen Besuch ist. Mit seiner sechs Meter hohen Decke wirkt der Raum für ein Einkaufscenter unwirklich groß. Durch seine quadratische Form fühle ich mich wie in einem abgeschlossenen Bücherkubus – ein Eindruck, den die mit dunklem Holz verkleidete Decke noch verstärkt. Mehrere Lichtleisten laufen über die volle Länge von gut 25 Metern an ihr entlang, außerdem hängen Pendelleuchten mit Schirmen aus hellen Holzlamellen von ihr herab. Wie im Untergeschoss sind auch hier drei der vier Wände mit LED-illuminierten Bücherregalen ausgestattet. Auf der vierten Seite führt ein holzverkleideter Treppenaufgang auf eine Galerieebene hinauf, die auf halber Höhe durch den Raum verläuft. Vor dem Aufgang, der übrigens die gesamte Breite des Raumes einnimmt, bilden zahlreiche Designersessel nach dem Vorbild von George Nelsons »Coconut Chairs« eine gemütliche Leseecke.

Die übrige Fläche wird für zahlreiche Tischpräsentationen genutzt, die fremd- sowie originalsprachige Bücher ebenso umfassen wie Sach- und Jugendbücher (unter anderem entdecke ich hier die portugiesische Ausgabe von Cornelia Funkes *Tintenherz: Coração de tinta*). Sogar eine eigene Klassiker-Kollektion der Livraria gibt es zu bewundern, und beim Kauf von zwei Titeln dieser »Coleção clássicos cultura« erhält man exklusive Büchertaschen dazu.

Nachdem ich auch die drei kleinen, der Galerieebene angeschlossenen Räume erkundet habe, zu der neben einer Kunstausstellung und einem Gourmetbereich vor allem die quietschbunte Kinderbuchabteilung gehört, kehre ich in den großen Bücherkubus zurück, wo ich mich im oberen Teil an die Balustrade lehne und die Atmosphäre auf mich wirken lasse. Von hier schaue ich den anderen Besuchern zu, die nicht nur die zahlreichen Sessel als Sitzmöglichkeit zum Ausruhen und Anlesen nutzen, sondern sich längst auch den breiten Treppenaufgang als eine Art Sitztribüne erobert haben. Es ist ein lustiges Bild, wie dort viele Kunden neben- und übereinander sitzen und in ihre Lektüre vertieft sind.

Genau *das* ist übrigens auch das erklärte Ziel der Buchhandlung gewesen, als man 2013 im Iguatemi eröffnete, wie ich von Têka, einer der Buchhändlerinnen, erfahre: Ziel der Familie Herz war es, einen Ort zu schaffen, der mehr als nur ein Geschäft ist, indem er seine Gäste in entspannter Kulisse mit Ruhe beschenkt, ein Ort, den man gern besucht, um die Zeit zu vergessen und in schönen Geschichten zu schmökern.

Weitere besuchte Buchhandlungen São Paulos im Kurzporträt:

Livraria Saraiva (Pátio Higienópolis)

⊕ Shopping Pátio Higienópolis, Avenida Higienópolis, Higienópolis 618, 01238–000 São Paulo

Zugegeben: Ursprünglich wollte ich eine ganz andere Buchhandlung der Livraria Saraiva besuchen. Nachdem ich am ersten Abend meines Aufenthalts in São Paulo jedoch einen letzten Abgleich der Adressdaten für alle geplanten Stationen meiner Brasilien-Reise vorgenommen habe, musste ich feststellen, dass die Buchhandlung in der Village Mall Rio de Janeiros nach nur einem Jahr schon wieder geschlossen hatte.

Da traf es sich ganz gut, dass Saraiva inzwischen rund einhundert Buchhandlungen in Brasilien betreibt – den Großteil davon in São Paulo, von denen eine ganz besonders hervorsticht:

Am westlichen Rand des historischen Stadtkerns befindet sich das Einkaufszentrum Pátio Higienópolis, das im linken Flügel des Erdgeschosses eine der Saraiva-Filialen beheimatet. Hinter der breiten Schaufensterfront nimmt ein schwarzes Bücherregal den kompletten, immerhin sieben Meter hohen Wandbereich der Buchhandlung ein. Rechts liegt der Kassenbereich, vor dem zahlreiche Tische vor allem Romane bereithalten. Von der weißen, mit Halogenstrahlern bestückten Decke hängt ein kunstvolles Bücher-Mobile in den Raum herab.

Neben der Kasse zweigt ein kleiner Raum ab, dessen Regalwände weiß gestrichen sind und der nicht nur Büchern, sondern auch runden Sitz- und

Die Kinderbuchabteilung der Livraria Saraiva bietet nicht nur Sitzgelegenheiten zum Lesen und Spielen, sondern verfügt auch über Tunnelverstecke im Regal.

Spielelementen Platz bietet: die Kinderbuchabteilung. Schräg gegenüber führt ein Treppenaufgang zu einer kleinen Galerieebene hinauf, auf der Film- und Musikliebhaber durch DVDs und CDs stöbern können, daneben locken Jugendbücher und bibliophile Zusatzprodukte wie Funko-Pop-Figuren.

Besonders angetan bin ich von den hiesigen Sitzgelegenheiten, die ich gut zu Hause brauchen könnte: Sowohl in die Seiten als auch in den Rückenteil der schwarz lackierten Holzsessel sind nämlich kleine Schrankelemente integriert, sodass die Sessel zugleich Bücherregale sind. Sowas in meinem Wohnzimmer, und es wäre endlich Schluss mit den ewigen Bücherstapeln …

Als ich mich nieder- und alles auf mich einwirken lasse, starre ich offenbar eine Sekunde zu lang auf das Tattoo, das eine Buchhändlerin auf der Innenseite ihres Unterarms trägt und das immer dann zum Vorschein kommt, wenn sie nach einem Buch greift und es einsortiert (also dauernd). Es ist das Symbol der Heiligtümer des Todes aus den *Harry Potter*-Romanen: ein Dreieck, das einen konzentrischen Kreis sowie einen vertikalen Mittelstrich umschließt und für drei magische Elemente steht (Tarnumhang, Zauberstab und Stein der Auferstehung). Als ich bemerke, dass die Buchhändlerin meinem Blick gefolgt ist, entschuldige ich mich auf Englisch, was sie dazu veranlasst, sich neben mich zu setzen.

Glücklicherweise lächelt sie nun vergnügt, während sie ihre dunklen, lockigen Haare zurückwirft, und sagt:»Gar kein Problem. Das ist doch unser internationales Erkennungszeichen, vor allem außerhalb der Buchhandlung. Ich bin Taléia; was führt dich hierher?«

Während ich ihr von meiner Reise erzähle, werden Taléias Augen immer größer – und auch ein bisschen glasig.

»Das klingt nach einer echten Traumreise, die ich am liebsten selbst sofort angehen würde. Leider ist das nicht so ohne Weiteres möglich«, sagt sie und spielt damit auf die andauernde Depression Brasiliens an, bevor sie das ernste Thema im nächsten Moment schon wieder zur Seite wischt.»Vielleicht sollte ich professionelle Quidditch-Spielerin werden ... da gibt es inzwischen sogar Weltmeisterschaften, und man kommt viel herum.«

»Sehr gute Idee«, entgegne ich lachend,»ich werde das im Auge behalten und bin gespannt, ob ich von dir höre.«

Livraria Cultura (Conjunto Nacional)

Avenida Paulista 2073, Bela Vista, 01311–940 São Paulo

Eine der wichtigsten sowie meistfrequentierten Straßen der Stadt (und in São Paulo will das was heißen!) ist die Avenida Paulista im Südwesten.

Die Livraria Cultura stellt nicht nur das literarische, sondern auch das kulturelle Zentrum São Paulos dar: fast täglich finden Veranstaltungen in der größten Buchhandlung Lateinamerikas statt.

Hier liegt das Einkaufszentrum Conjunto Nacional, in dem seit 1969 die Livraria Cultura ihren Stammsitz hat. Anlässlich des sechzigsten Firmenjubiläums übernahm das Unternehmen vor gut zehn Jahren unter anderem die Fläche des traditionsreichen Filmtheaters Ciné Astor und kreierte mit einer Gesamtfläche von beinahe 4.500 Quadratmetern die größte Buchhandlung Lateinamerikas, die nicht nur das literarische, sondern auch das kulturelle Zentrum der Stadt darstellt.

Während sich die kürzlich geschaffene Themenwelt GEEK.ETC.BR – anders als beim Ableger im Iguatemi – hier in Form eines separaten Ladenlokals in direkter Nachbarschaft anschließt, verfügt die Livraria ansonsten über so ziemlich alles, was man sich nur wünschen kann ... Es gibt sogar ein

Theater, das bis zu zweihundert Personen Platz bietet und für die regelmäßig stattfindenden Veranstaltungen genutzt wird.

Um mir einen Überblick zu verschaffen, steige ich auf eine der beiden Galerieebenen hinauf, die eine fulminante Aussicht auf die gesamte Kulisse gewähren. Im Erdgeschoss schmiegen sich Bücherregale um die hohen Säulen, die die Galerieebenen stützen, und doppelseitig befüllte Regalreihen schlängeln sich durch die Halle. Von hier oben sehen sie aus wie ganze Häuserblöcke, zwischen denen die Besucher stöbernd entlangschlendern.

Mitten im Raum schwebt eine überdimensionale, leicht geschwungene Drachenfigur, die aus einzelnen Holzlamellen besteht und ein wenig an das chinesische Fabelwesen Long erinnert (das in Asien – im Gegensatz zu unserem Verständnis von Drachen – einer Gottheit gleichkommt). In der Kinderbuchabteilung wird dieser Drache ähnlich verehrt: Hier bilden hölzerne Lamellen den Rahmen für eine Lesehöhle in Form des Drachenkörpers, nach dem die Kinder ganz verrückt zu sein scheinen: Eng zusammengerückt sitzt eine ganze Horde unter dem Tier und blättert durch Bilder- und Vorlesebücher.

Livraria da Vila Lorena

 Alameda Lorena 1731, Jardim Paulista, 01424-002 São Paulo

Die Livraria da Vila wurde 1985 von Miriam Gouvea und Aldo Bocchini gegründet und 2003 von dem ehemaligen Journalisten und Unternehmer Samuel Seibel übernommen, der einen mutigen Expansionskurs einschlug. Heute betreibt er zehn Filialen in und um São Paulo herum – wobei das Wort »Filiale« den einzelnen Standorten kaum gerecht wird, da jede Buchhandlung von da Vila sich stets den jeweiligen Charakter ihres Gebäudes zu eigen macht, anstatt ein starres Gestaltungskonzept zu verfolgen, das auf sämtliche Immobilien übertragen werden muss. Besucht man beispielsweise zunächst den Stammsitz im Bezirk Vila Madalena, bevor man eine der neueren Buchhandlungen ansteuert, käme man niemals auf die Idee, dass es sich um ein- und dasselbe Unternehmen handelt.

Zu den neueren Häusern zählt auch die Buchhandlung auf der Alameda Lorena, die eingerahmt zwischen Bars, kleinen Restaurants und Wohnhäusern liegt. Die Fassade ist ein riesiger grauer Betonklotz, was hässlich sein könnte, in Kombination mit einem an der Oberseite rot abgesetzten Teil, auf dem in Beton-Versalien der Name der Buchhandlung steht, aber seinen eigenen Reiz hat. Das Parterre überrascht ebenfalls mit einem besonderen architektonischen Clou: Fünf schwarze Regalwände, die beidseitig verglast und mit Büchern befüllt sind, lassen sich drehen, verschieben und verankern und bilden im verschlossenen bzw. bündigen Zustand die Außenwand der Livraria. Während der Öffnungszeiten werden sie aufgeschoben und in Längsrichtung positioniert, sodass man hindurchschreiten und schon beim Betreten stöbern kann.

Innen umfasst die Livraria drei Stockwerke. Im Untergeschoss breitet sich die Kinderabteilung aus, in der sowohl der Boden als auch die Regale und die Decke komplett weiß gehalten sind. Was für eine Kinderabteilung langweilig klingt, sorgt aber dafür, dass die Bücher umso farbenfroher aus ihren Regalen herausleuchten. Und den kleinen Kunden scheint es zu gefallen, überall betrachten leuchtende Kinderaugen die vielen schönen Bilder- und Vorlesebücher.

Im Erdgeschoss haben Literatur, Sachbücher und Co. ihren Platz in schwarzen deckenhohen Regalen. Am Rand des Raumes führt eine schmale, ebenfalls schwarze Treppe ins Obergeschoss empor, das neben diversen Büchern auch CDs und DVDs bereithält, vor allem jedoch als beliebter Veranstaltungsort für Workshops und Lesungen dient – und ein Café beheimatet.

Als ich nach einer gut sechsstündigen Busfahrt, die über weite Teile durch sattgrüne, schier endlos wirkende Berglandschaften führt, **Rio de Janeiro** erreiche, werden mir einmal mehr die extremen Gegensätze des Landes und seiner Einwohner vor Augen geführt. Das Elend in den der Stadt vorgelagerten Favelas lässt mich schwer schlucken; und dass ich später das noble Viertel Ipanema mit seinen weißen Stränden und Luxusunterkünften durchquere, macht es eher schlimmer als besser.

Gleichzeitig begleitet mich – wie schon bei meiner Ankunft in São Paulo – eine ausgeprägte Melancholie ob des nahenden Endes meiner Reise. Zu allem Überfluss hat meine ursprünglich ausgemachte Endstation, die Livraria Saraiva in der Village Mall Rios, welche laut übereinstimmenden Medienberichten zu den Schönsten ihrer Art zählte, inzwischen ihre Pforten dichtgemacht, sodass ich nicht einmal mehr ein Buchhandelsziel vor Augen habe.

An meinem letzten Tag flüchte ich mich dementsprechend in möglichst viel Ablenkung und tue mich mit meinen amerikanischen Zimmerkollegen Marc und Jacob zusammen; gemeinsam besuchen wir die Erlöserstatue Cristo Rendetor, spielen am samtweichen Strand von Ipanema – mit Ausblick auf den Zuckerhut – Fußball und fahren abschließend zu den Escadaria Selarón, den wohl bekanntesten Treppen der Welt, hinaus. Der chilenische Künstler Jorge Selarón fertigte die zweihundert Stufen in minutiöser Kleinarbeit aus über zweitausend einzelnen Fliesen, die aus über sechzig verschiedenen Ländern stammen und jede ihre eigene Geschichte zu erzählen haben.

Als ich am Fuße der Treppe einem Straßenhändler begegne, der einen Rollwagen mit Büchern vor sich herschiebt, wird mir bewusst, dass diese Reise *so* nicht enden darf. Also verabschiede ich mich von Marc und Jacob und begutachte die Auslage des Straßenhändlers. Ich ziehe ein buntes Kinderbuch auf Portugiesisch heraus, das scheinbar von einem Jungen mit Superkräften handelt und das ich somit gut in der Nachbarschaft an spielende Kinder weitergeben kann. Ich kaufe es und frage den Händler nach einer Buchhandelsempfehlung in der Umgebung. Nachdenklich krault er seinen silbergrauen Rauschebart, bevor er zwei weitere Männer, die an der

Treppenwand lehnen, um Unterstützung bittet; gemeinsam bespricht und einigt man sich schließlich.

Nur fünf Minuten später stehe ich vor meinem letzten Buchhandelsziel dieser Reise:

Livraria Cultura (Cine Vitória)

⊕ Rua Senador Dantas 45, Centro, 20031–202 Rio de Janeiro

Nur rund fünfhundert Meter nördlich der Escadaria Selarón sowie schräg gegenüber der Nationalbibliothek und des Theatro Municipal, findet sich eine weitere Livraria Cultura, die – wie der Name schon sagt – die Räumlichkeiten eines ehemaligen Kinos aus den dreißiger Jahren bezogen hat. Nachdem das Gebäude beinahe zwei Jahrzehnte leer stand, entschied sich das Unternehmen 2012 – im Rahmen eines groß angelegten Revitalisierungsprojekts – für eine Übernahme und Anpassung der Räume, ohne jedoch den ursprünglichen Charakter zu verändern.

So besticht die Außenansicht durch ihren unverwechselbaren Art-Déco-Stil, den die Livraria Cultura geschickt mit dem eigenen Stil kombiniert, um die Bücher in dieser Kulisse noch stärker wirken zu lassen. Ein weißer symmetrischer Torbogen führt durch die rot-marmorne Fassade in die Buchhandlung hinein.

Wie so oft bleibe ich gleich hinter dem Eingang stehen, um den Raum auf mich wirken zu lassen. Dunkle, edle Holzregale stehen an den seitlichen Marmorwänden und im Raum verteilt. Kleine Halogenspots und große goldfarbene Kronleuchter mit Bleikristallen erhellen die Buchhandlung. Unterhalb einer großen Bronzeplatte, die im hinteren Teil eine Wand ziert, gibt es einen Durchgang in den Hauptteil der Buchhandlung, die sich über insgesamt drei Etagen ausbreitet. Rolltreppen führen in die oberen Ebenen hinauf – oder aber man benutzt eine schmale Rampe, die sich spiralförmig

um einen runden Turm aus hölzernen Buchregalen hinaufwindet.

Natürlich entscheide ich mich für diese Option und schlendere in weiten Pirouetten aufwärts, während ich nebenbei in den literarisch gut ausgefüllten Wänden des Bücherturms herumstöbere, bis ich ganz oben die große Plateauebene erreiche. Hier gibt es allerhand Fach- und Sachbücher und eine Kochbuchabteilung, die nicht nur ihr eigenes Café hat, sondern obendrein über einen Gourmetraum mit vollwertiger Küche verfügt, der für Verkostungen und Vorführungen zu ausgewählten Koch- und Backbüchern genutzt wird.

Nachdem ich im Café einen kurzen Zwischenstopp eingelegt und danach ausgiebig die verschiedenen Abteilungen erkundet habe, kehre ich

Die Livraria Cultura erstrahlt im Charme der Dreißigerjahre: Sogar die Bücherstapel sind in symmetrischen Mustern angeordnet, die sich den Bodenfliesen anpassen.

schließlich zum Bücherturm zurück, der von hier oben – in der Gesamtansicht – wahrhaft eindrucksvoll ist.

»Unglaublich«, denke ich und betrachte ihn für eine Weile, bis mir bewusst wird, dass genau *das* der bestmögliche Abschluss meiner Reise ist.

Mein Besuch war nicht geplant, sondern eine weitere schöne Zufallsentdeckung, wie sie mir zuvor schon mehrfach vergönnt war. Und in diesem Augenblick fühlt es sich so an, als seien alle Buchhandlungen und Literaturorte auf irgendeine Art und Weise miteinander verbunden. Mir fällt ein: Als Buenos Aires 2011 von der UNESCO zur Weltstadt der Bücher ernannt wurde, schuf man aus diesem Anlass einen ...

... Bücherturm.

... schon gelesen?

Empfehlenswertes brasilianischer Autoren:

Macunaíma. Der Held ohne jeden Charakter, Mário de Andrade
Die Werkstatt der Wunder, Jorge Amado
Flut, Daniel Galera
Kleine Monster, Caio Fernando Abreu
Vergossene Milch, Chico Buarque
Veronica beschließt zu sterben, Paulo Coelho
Die Schneiderin von Pernambuco, Frances de Pontes Peebles
Es waren viele Pferde, Luiz Ruffato

Hidden Track

Wenn es noch eines letzten Beweises bedarf, dass Buchhandlungen besondere, außergewöhnliche und manchmal sogar magische Orte sind, möchte ich euch gern folgende Geschichte erzählen, die sich im Nachgang meiner Reise genau *so* zutrug:

- Nachdem ich am Morgen des ersten Oktobers in Frankfurt gelandet war, führte mich mein allererster Weg nach Köln, wo ich mich mit Frauke traf.
- Frauke und ich hatten uns knapp zwei Jahre zuvor in einer Buchhandlung kennengelernt. Seit meiner Rückkehr sind wir zusammen.
- Unter dem Packpapier des Blind-Date-Books, welches mir John von Elizabeth's Bookshop in Sydney zum Abschied schenkte, befand sich ein Bestsellerroman der britischen BBC- und Drehbuchautorin Veronica Henry. Sein Titel: *How to find Love in a Bookshop* (seit August 2017 auch auf Deutsch erhältlich: *Liebe zwischen den Zeilen*).

Impressum

Torsten Woywod
In 80 Buchhandlungen um die Welt
Meine Reise zu den schönsten Bücherorten unserer Erde
ISBN: 978-3-95910-125-7

Eden Books
Ein Verlag der Edel Germany GmbH
Copyright © 2017 Edel Germany GmbH, Neumühlen 17, 22763 Hamburg
www.edenbooks.de | www.facebook.com/EdenBooksBerlin | www.edel.com
1. Auflage 2017

Einige der Personen im Text sind aus Gründen des Persönlichkeitsschutzes
anonymisiert.

Projektkoordination: Svenja Monert und Kathrin Riechers
Lektorat: Friederike Haller
Umschlag- und Innenteilgestaltung: Johanna Höflich | www.johannahoeflich.de
Umschlagfotos El Ateneo Grand Splendid, Buenos Aires, Argentinien: © Torsten Woywod
Satz: Datagrafix GmbH, Berlin
Lithografie und Bildredaktion: Frische Grafik | www.frische-grafik.de
Druck und Bindung: optimal media GmbH, Glienholzweg 7, 17207 Röbel/Müritz

Bildnachweis:
Alle Kartenabbildungen: © Free Vector Maps, www.freevectormaps.com;
Umschlagfoto und Fotos im Innenteil: © Torsten Woywod

Printed in Germany

Um die kulturelle Vielfalt zu erhalten, gibt es in Deutschland und in Österreich die gesetzliche
Buchpreisbindung. Für Sie, liebe Leserin und lieber Leser, bedeutet das, dass Ihr verlagsneues
Buch jeweils überall dasselbe kostet, egal, ob Sie Ihre Bücher gern im Internet, in einer großen
Buchhandlung oder beim kleinen Buchhändler um die Ecke kaufen.